HENRI MICHAUX

Connaissance par les gouffres

Nouvelle édition
revue et corrigée

GALLIMARD

I

COMMENT AGISSENT
LES DROGUES ?

Les drogues nous ennuient avec leur paradis.
Qu'elles nous donnent plutôt un peu de savoir.
Nous ne sommes pas un siècle à paradis.

Toute drogue modifie vos appuis. L'appui que vous preniez sur vos sens, l'appui que vos sens prenaient sur le monde, l'appui que vous preniez sur votre impression générale d'être. Ils cèdent. Une vaste redistribution de la sensibilité se fait, qui rend tout bizarre, une complexe, continuelle redistribution de la sensibilité. Vous sentez moins ici, et davantage là. Où « ici » ? Où « là » ? Dans des dizaines d' « ici », dans des dizaines de « là », que vous ne vous connaissiez pas, que vous ne reconnaissez pas. Zones obscures qui étaient claires. Zones légères qui étaient lourdes. Ce n'est plus à vous que vous aboutissez, et la réalité, les objets même, perdant leur masse et leur raideur, cessent d'opposer une résistance sérieuse à l'omniprésente mobilité transformatrice.

Des abandons paraissent, de petits (la drogue vous chatouille d'abandons), de grands aussi. Certains s'y plaisent. Paradis, c'est-à-dire abandon. Vous subissez de multiples, de différentes invitations à lâcher... Voilà ce que les drogues fortes ont en commun et aussi que c'est toujours le cerveau qui prend les coups, qui observe ses coulisses, ses ficelles, qui joue petit et grand jeu, et qui, ensuite, prend du recul, un singulier recul.

Je parlerai surtout de la *mescaline*, plus spectaculaire que les drogues d'autrefois, nette, brusque, brutale, prédestinée à démasquer ce qui, dans les autres, reste enrobé, faite pour violer le cerveau, pour « donner » ses secrets et le secret des états rares. Pour démystifier.

Modèle des hallucinogènes, elle a une action voisine de celle de l'*acide lysergique*[1] et de la *psylocibine*[2]. Elle éclaire également le *haschich*... qui en avait besoin, le fabuleux haschich et aussi la

---

1. Étudié pour la première fois dans la revue *Triangle*, novembre 1955, p. 117. Cf. aussi *L'Expérience lysergique*, J. Delay et Benda, *L'Encéphale*, n°s 3 et 4, année 1958, et H. Michaux, *L'Infini turbulent*, page 141.
2. Professeur Roger Heim, 1957, *Revue de Mycologie*, fascicules 1 et 2, et du même auteur, *Les Champignons hallucinogènes du Mexique*, Éd. du Muséum, 1958.

jusquiame, et le *datura stramonium*, plantes autrefois utilisées en sorcellerie, lorsqu'on n'ignorait pas comment diriger leurs effets.

Après une courte phase de nausées et de malaises, vous commencez à avoir affaire tout particulièrement à la lumière. Elle va se mettre à briller, à frapper, à percer de ses rayons soudain devenus pénétrants. Il vous faudra peut-être abriter vos yeux sous des étoffes épaisses, mais vous, vous n'êtes pas abrité. Le blanc est en vous. L'étincellement est dans la tête. Une certaine partie de la tête qu'on peut sentir bientôt à sa fatigue : l'occipitale ; la foudre blanche frappe là.

Et viennent les visions de cristaux, de pierres précieuses, de diamants ou plutôt leur ruissellement, leur ruissellement aveuglant.

A la stimulation excessive, l'appareil visuel répond en brillances, en resplendissements, en couleurs outrancières qui heurtent, qui, brutales et vulgaires, composent des ensembles qui heurtent, comme votre cortex visuel est présentement heurté et brutalisé par le poison envahissant.

Et vous rencontrez multitude. Une foule apparaît, de points, d'images, de petites formes, qui très, très, très vite passent, circulation trop vive *d'un temps qui a une foule énorme de moments,* qui filent prodigieusement. *La coexistence de ce temps* aux moments multipliés avec le *temps normal,* pas entièrement disparu et qui revient par intervalles, oblitéré seulement en partie par l'attention portée sur l'autre, est extraordinaire, extraordinairement déréalisante.

La *coexistence* aussi de *l'espace aux points innombrables* (et tous très « détachés ») avec l'espace à peu près normal (celui autour de vous que vous regardez de temps à autre), mais comme noyé et en sous-impression, est pareillement et parallèlement extraordinaire.

Et multitude s'étend (avec vitesse qui lui est liée) dans les pensées qui fouinent à toute allure, en toutes directions, dans la mémoire, dans l'avenir, dans les données du présent, pour saisir des rapports inattendus, lumineux, stupéfiants, et qu'on voudrait retenir, mais que la foule des suivants emporte avec précipitation et fait oublier.

Multitude dans la conscience, une conscience qui s'étend jusqu'à paraître se dédoubler, se multiplier, ivre de perceptions et de savoirs simultanés, pour mieux observer synoptiquement et tenir embrassés les points les plus distants.

L'excitation anormale rayonne. Hyperacuité. L'attention prodigieusement présente, au comble de ses possibilités capte anormalement vite, et clairement. Le pouvoir séparateur et appréciateur augmente dans l'œil (qui voit les plus fins reliefs, les rides insignifiantes), dans l'oreille (qui entend et de loin les bruits les plus légers et que blessent les forts), dans l'entendement [1] (observateur des mobiles inapparents, des dessous, des plus lointaines causes et conséquences ordinairement inaperçues, des interactions de toute sorte, trop multiples pour être dans d'autres moments saisis à la fois), enfin et surtout dans l'imagination (où passent des images visuelles, avec une intensité inconnue, par-dessus la « réalité », laquelle faiblit et s'amenuise) et, *last but not least,* dans les facultés paranormales [2] révélant parfois au sujet le don de voyance et de divination.

L'orchestre de l'immense vie intérieure magnifiée est à présent un prodige. Si agile que soit devenue la pensée à appréhender sur plusieurs fronts, l'on revient souvent, trop souvent aux visions qui, dans tous les insaisissables qui vous passent au travers, paraissent encore les moins insaisissables. Multitude continue. Vibratoire, zigzagante, en transformation continuelle. Des lignes pullulent. Les villes aux mille palais, les palais aux mille tours, les salles aux mille colonnes, dont on a tant parlé, les voici. Mais le spectacle en est bien sot. Des colonnettes, vrai-

1. Mais l'intelligence, occupée là, ne peut que mal répondre à des problèmes étrangers qu'on lui proposerait.
2. « Toutes les plantes métagnomogènes sont hallucinatoires. » A. Rouhier, *Des Plantes Divinatoires,* supplément à son livre sur le *Peyotl,* Éd. Doin, 1927.

ment trop minces, aiguilles qui ne pourraient rien soutenir. Des tours, trop de tours, plutôt des tourelles, élancées, frêles, incroyablement graciles. Des ruines, de fausses ruines tremblantes. Des ornements emberlificotés (ornements dans l'ornement de l'ornement) qui se mettent partout jusque, par exemple, dans une troupe de coureurs que vous regardiez et qui, sans raison, soudain s'enrubanne, s'enserpentine, s'enroule en boucles, en boucles de boucles, en volutes inarrêtables...

A ce point de ridicule on s'arrête de regarder le spectacle intérieur où il est impossible de retrouver ses goûts [1]. Cet absurde-là et mille autres traits semblables n'ont vraiment pas l'air d'avoir leur origine dans l'intelligence, même retournée contre elle, même défoulant, mais dans quelque chose qui y est totalement étranger comme serait la mécanique. Cependant on est pris d'envies d'avaler le pot de colle, ou encore le paquet de trombones d'acier, de se jeter par la fenêtre, d'appeler au secours, de se tuer ou de tuer, mais seulement une demi-seconde, et puis la suivante plus aucune envie, la suivante à nouveau envie folle, et ainsi des centaines de fois passe tantôt le « oui », tantôt le « non », sans nuances, irréfléchi, avec la régularité d'un piston de moteur. On

1. *Misérable Miracle*, Éd. du Rocher, 1956, page 17.

se met à écrire des kyrielles de superlatifs qui ne veulent rien dire. Il y a un appel de l'infini, énorme, envahissant. Pourquoi? Comment? Il y a aussi, pendant que le mur avance et recule en cadence, et que le bras s'allonge dirait-on périodiquement, des rafales de rires inextinguibles, qui ne veulent pas dire davantage...

N'oublions pas qu'on a avalé un toxique. Trop tentantes les explications psychologiques. Mettre de la psychologie partout, c'est manquer de psychologie.

Un phénomène dans l'ivresse mescalinienne paraît sous-tendre un très grand nombre de caractères précisément les plus communs comme les plus saugrenus.

Incessamment, sous une forme ou une autre, il y manifeste sa présence. Ce sont les ondes. Est-il absurde de juger que des ondes cérébrales deviennent perceptibles dans certains états de violente hyperexcitation nerveuse?

Lorsque des ignorants de l'existence d'ondes cérébrales parlent eux aussi de vagues, de vaguelettes, d'ondulations, d'oscillations, qu'ils voient, qu'ils ont vues, faut-il croire qu'ils ne font que traduire visuellement une impression de flottement, opération du reste possible, qui ne remplacerait pas l'autre, mais s'y ajouterait, exemple entre des dizaines, des actions parallèles, en écho, en rappel, que l'on a l'occasion d'observer dans le trouble de la drogue?

Pourquoi, s'ils n'en ont une perception directe et nue, ne pourraient-ils confusément les éprouver (presque tous [1] les notent; certains s'en disent attaqués, débordés) et les reporter à des échelles différentes et à une autre fréquence, par exemple, sur les meubles qui les entourent, qu'ils voient alors parcourus d'ondulations? Ainsi, de cette façon, je les reportais, parfois machinalement, sur des feuilles de papier sans y accorder grande importance, mais qui n'en suivaient pas moins les changements oscillatoires des phases diverses du trouble mescalinien. De cette façon, l'écriture [2], quoique occupée à prendre des notes tant bien que mal, « rend » aussi l'onde, sinusoïde hérissée [3].

Quant à moi, j'apercevais de légères sinuosités, quand tout allait bien; de grands mouve-

---

1. Bien d'autres drogues, y compris certains anesthésiques généraux comme l'éther, ont été pendant un bref temps de conscience ressenties pareillement.

Une auto-observation (par G. Allary, *Tour Saint-Jacques*, 1960, numéro sur la drogue, page 133) se termine par cette notation significative : « Avant tout, il s'agit de vibrations inattendues, inimaginables, impossibles, qui se développent contre vous, ou plutôt, ce qui est pire, sans vous. »

2. Le professeur Heim, décrivant l'effet d'un champignon hallucinogène, (*loc. cit.* p. 31) : « ... Les contours des images qui m'entourent deviennent mouvants comme des vagues dans la confusion des lignes oscillantes. Mon écriture est profondément *modifiée, comme mue par une mécanique accélérée.* »

3. Celle, en dents de scie, de l'épileptique, chez qui il s'agit d'ondes *alpha*, desquelles toutefois il ne peut être question ici.

ments en écharpe, en lanières de fouets, en S, quand ça allait mal, avant les troubles graves ressemblant à de la folie ; des ondes en dents de scie au début de l'expérience, quand se déclenchait la première violence (à ce moment uniquement dans le visuel).

Enfin les arches et les ondes égales, amples, sinusoïdales, je les apercevais un peu avant les extases ou pseudo-extases.

Quoique moins nettes pour qui n'en a pas eu l'expérience, on trouvera des corrélations entre certains caractères anormaux des tracés électroencéphalographiques et certains caractères des ondes mescaliniennes.

Mais ce sont les caractères des ondes en général sur quoi il convient surtout de réfléchir. Si onde il y a, l'onde représente d'abord : *continuation*. Si l'on considère chaque élément semblable, elle est *répétition*. Si l'on considère son trajet qui coupe indéfiniment une droite imaginaire, elle est *oscillation, interruption rythmique,* perpétuelle *alternance*. C'est comme telle, qu'elle peut apparaître *mécanique*. Dans certains cas, ses *pointes* seules frappent, dans d'autres ce seront ses *ondulations*. Quand elles s'enchevêtrent, ce seront les *ornements* et festons périodiques qu'ainsi elles composent, ornements en mouvement. Dans d'autres cas, ce sera l'impossibilité d'être arrêtée. Ou son côté immatériel, ou encore son renouvellement, presque *identique, à l'infini,* sa monotone symétrie, sa perpétuité. On peut sans peine retrouver leur trace dans maint phénomène mescalinien, notamment dans les visions.

Visions d'ornements. Presque personne n'y échappe. Caractères de ces ornements. Pas désirés, et néanmoins ils persistent. Pas immobiles. Pas d'ensembles ornementaux qu'on pourrait s'arrêter à considérer. Plutôt qu'on ne voie des entrelacs, l'on assiste à ce qui indéfiniment s'entrelace. Ornement qui n'orne rien du tout. Détails dans le détail. Dentelles dans la dentelle. Continuation monotone. Rythme de développement, d'étalage constant, qui ne ralentit, ni ne se met en relation avec vous. Inarrêtable. Intarissable processus d'ornementogenèse.

Visions de grimaces. Des milliers de personnes en ont vues en vision intérieure, après avoir pris de la mescaline, du haschich, de l'*opuntia cylindrica,* ou de l'acide lysergique, figures si effrayantes qu'ils ne songeaient pas à observer ce qui, dans cette grimace, est tout autre chose, est avant tout rythme.

Donc des centaines ou des dizaines de visages font des grimaces. Souvent de face. Elles ont toutes des mouvements sensiblement pareils, se répétant. Aucune ne se détache des autres. Aucune ne sort du rang, ne s'individualise, ne fait une grimace différente. Elles obéissent toutes au même rythme de torsion, d'ondulation, qui ne ralentit ni ne s'arrête. Si l'on arrive à se détourner de l'expression terrifiante (envers de votre effroi, et, là, il s'agit bien du psychologique), on voit ces bouches [1] comme occupées d'une morne mastication et leurs muscles commandés par on ne sait quel appareil masticateur automatique. Au plus fort du phénomène, le mouvement de torsion de la bouche dépasse de loin tout ce que le visage de l'homme le plus désarticulé peut produire. L'amplitude de la grimace est fonction de l'intensité de l'intoxication. A l'ampleur de la désarticulation des visages grimaçants, j'ai toujours su, sans m'être jamais trompé, à quel point du développement de l'intoxication je me trouvais. Le reste est psychologie et extrêmement complexe. Les visages d'en face suivent le sujet désarçonné grâce à leurs torsions inhumaines, parallèles à sa difficulté de dominer la situation et de se rétablir. Seule l'expression du regard est d'un démon qui voit la peur de l'intoxiqué et en jouit, ou d'un double qui le hait (?) [Mais les figures n'auront tout de même jamais, un sursaut, jamais, leur mouvement grimaçant restera imperturbablement égal et mécanique.]

---

1. Pourquoi la bouche ? Peut-être, aussi, à cause d'une certaine présence particulière de *sa* propre bouche. Les spasmes et les tendances au spasme des muscles de la mâchoire sont notés par beaucoup durant l'épreuve mescalinienne.

Ruines : Vision de ruines (dans la mescaline), de monuments prêts à s'effondrer, que toutefois personne jamais ne vit tomber en ruine. Vibrations [1] transversales rapides, tremblement oscillatoire, presque lézardes minuscules et l'idée de ruines vient à l'esprit. L'imagination tente alors de les poser, de les voir sur les tremblantes lignes. Pourquoi tous ont-ils la même imagination, c'est-à-dire, si peu d'imagination ? « La mescaline élude la forme [2] », jamais définitivement celle-ci ou celle-là. Vous ne voyez pas. *Vous devinez.* Vous faites à la hâte (à cause de la vitesse de passage aussi) un *essai d'identification.* Précipité. Vous ne pouvez faire mieux. C'est tout de même surprenant, cette difficulté, malgré les couleurs si fortes... Jamais (ou je me trompe fort) quelqu'un ne vit réellement d'objets, ni de monuments dans la vision mescalinienne. Formés de lignes ondoyantes, de points agités, espacés, ne faisant pas un bloc, ils n'ont jamais été vus, mais ont toujours été interprétés. C'est sur des points, des points en mouvement qu'on a accepté de reconnaître un objet, ou des murs, c'est sur des trames arachnéennes... moins qu'arachnéennes.

Visions de montagnes... qui pouvaient être aussi des pics effilés, ou d'énormes couteaux, ou encore

---

1. Qui peuvent aussi n'être pas sans rapport avec les trépidations notablement augmentées du globe oculaire.
2. Havelock Ellis, cité par Rouhier.

des triangles à la pointe aiguë, fine, dirigée en l'air ; voici quelle fut ma première vision. Pics ou triangles ou couteaux s'élançaient haut et vite, redescendaient aussi vite, refilaient là-haut follement vite, replongeaient précipitamment. Retenu par eux comme par un élastique, il me fallait les accompagner dans ces subites et folles et incessantes ascensions. Ça s'arrêtait quelques dizièmes de seconde ou une seconde, puis, de nouveau, en avant la séquence sautillante et plongeante (mais je sentais surtout la montée). Ces pics se suivaient les uns les autres à la file. J'appelai aussitôt l'ensemble une sierra, mais c'était aussi bien des schémas, ou des couteaux, ou des triangles.

A relire les pages de cette première relation, je ne peux pas ne pas reconnaître que c'était, sans le savoir, décrire en somme le passage d'ondes en pointes, en dents de scie... quand on est dans le passage.

Visions de minarets dans l'ivresse haschichine.

La mescaline n'horizontalise à peu près jamais. Dans la mescaline, je voyais des formes qui s'élancent. Dans le chanvre, je voyais plutôt des formes élancées. Elles ne remuaient pas franchement. Pas fixes non plus. Je les sentais comme des « notes tenues ». Elles s'affaissaient d'un coup (peut-être à un changement net du train d'ondes en peigne ?) et quelque temps après

21

reparaissaient un peu différentes ; on aurait pu songer aux ondes dites stationnaires. Formes fluettes, inimaginablement effilées. Une multiple verticalité grêle, à la base étriquée. Ce n'est pas l'Orient qui donnait ces formes, si exagérément minces, effilées. C'étaient ces formes amincies qu'avaient vues et tenté de copier les architectes orientaux, persans et arabes.

Le chanvre a fait « les minarets », en a montré la direction à des gens qui ne l'ont suivie qu'à moitié ou plutôt au dixième. Ce sont les fûts incroyablement graciles des apparitions haschichines qui ont donné l'idée, le principe, l'allure des jets d'eau filiformes, des gracieux arcs géminés, des colonnettes, des arcs surhaussés, des minarets et non l'Islam qui, en aucune façon ne les contenait, pas plus qu'il ne contenait les stalactites ambiguës et vibrantes de ses portails et ses « arabesques » sans fin, exemples des ornements aux infinies variations, de la fine ornementification incoercible des visions haschichines, de ses diamants brouillés.

Visions d'animaux dont le cou s'allonge fantastiquement. Images de carrés qui ne résistent pas à la mescaline et deviennent triangles.

Les images mentales sont des tendances. Un carré est une tendance à être et rester carré conformément au gabarit évoqué. Mais, dans la mescaline, l'image est un compromis entre sa tendance et la tendance ondulante ou érigeante de l'onde qui passe.

Certaines images... on n'arrive pas à les évoquer, encore moins à les faire tenir plusieurs secondes, étant trop contrecarrées par des tendances plus fortes. Ainsi, une forme trapue. Ainsi, un carré évoqué avec peine dans une phase de verticalité et d'érections se subdivisera en quantité de triangles à « pointes » aiguës, ou perdra des pans, deviendra octogone, lequel à nouveau, se partagera en triangles.

Quelle raison psychologique y aurait-il à ce comportement?

De même, comme dans les délires aigus et pour la même raison, une idée ne peut être maintenue en soi. Il y faut une sorte de modération intérieure (de modération ondulatoire). Si l'onde est forte, la pensée en est constamment dérangée, défaite, oblitérée.

Rire[1]. Commun à tous les hallucinogènes. Les rires interminables que provoque le chanvre sont célèbres et facilement reconnaissables.

1. Certains, avec le peyotl ou la mescaline, rient aux larmes. Francisco Hernandez, cité par le professeur Heim, parle de « champignons », appelés *Teyhuinti*, qui, une fois mangés, ne causent pas la mort, mais une sorte de folie, qui dure parfois et dont le symptôme est un rire inextinguible. *De historia plantarum Novae Hispaniae*, p. 357.

Le rire fait abandonner des positions de trop de contrainte.

Dans le haschich, le rire vient après une sorte de sinuosité, extrêmement déliée, qui est à la fois comme une onde, comme un chatouillement et comme un frisson et comme les marches d'un escalier très raide. Desserrages brusques. Le comique vient ensuite. Il ne tarde pas. L'imagination, tout l'intéresse. Tout la pique, aussitôt amusée à broder, fabuler, placer et déplacer. L'une entraînant l'autre, ce sont alors des rires interminables, des cascades de relâchement qui ne relâchent rien du tout, et le rire, toujours en course, après un instant de halte pour retrouver le souffle, reprend, impossible à assouvir. Rire sur courroies d'entraînement. Rire sans sujets de rire. Des sujets on en trouve au début. Ensuite l'imagination se lasse mais le rire court toujours.

Pareil au fou rire de certains aliénés, il exprime particulièrement la prodigieuse absurdité de tout, à la fois métaphysiquement et (par le chatouillis) très physiquement ressentie, ressentie dans une conjonction extraordinaire.

L'infini dans la mescaline. Ses caractères : Sentiment de l'infini, *de la présence de l'infini,* de la proximité, de l'immédiateté, de la pénétration de l'infini, de l'infini traversant sans fin le fini. Un infini en marche, d'une marche égale qui ne s'arrêtera plus, qui ne peut plus s'arrêter. Cessation du fini, du mirage du fini, de la conviction illusoire qu'il existe du fini, du conclu, du terminé, de l'arrêté. Le fini soit prolongé, soit émietté, partout pris en traître par un infini traversier, débordant, magnifique annulateur et dissipateur de tout « circonscrit », lequel ne peut plus exister. Un infiniment qui ne permet plus d'en finir avec quoi que ce soit, qui part en séries infinies, qui est infinité, qui se module en une infinisation à laquelle aucun fini ne peut se soustraire, où la mesquinerie même, réobservée, aussitôt se prolonge, s'approfondit, se perd et s'infinise, se décirconscrit, où n'importe quel sujet, n'importe quelle humeur, émotion ou sentiment enfile le stupéfiant et si naturel infini. Obsédant, tracassier infini [1] qui ne permet plus que lui, que retour à lui, que passage par lui. Infini qui seul est, qui rythme est. Si le rythme est majestueux, l'infini sera divin. Si le rythme est précipité, l'infini sera persécution, angoisse,

---

1. Cette infinisation si inattendue, sans mesure et sans choix et sans préférence, qui opère le dégagement de tout fini, qui ne refuse aucun travail, infinisant aussi bien les bagatelles, inarrêtable, qui prolonge tout sans fin et renvoie à plus loin, sans doute vient-elle des neurones, et d'un mouvement périodique contraignant, plutôt que d'un contact avec un autre monde ; elle n'en rend pas moins à sa façon quelque chose de l'Infini, qui, loin de la banlieue à dieux, est éternel dépassement, hors de toute prise, hors de tout repos, non halte essentielle, en tout sens, en toute direction, en tout objet, en toute matière, brisant, écartelant, toujours au-delà, au-delà de toute personne, si divine qu'on la veuille, au-delà, de quelque façon que ce soit, au-delà, au-delà, inaccessible, échappant vertigineusement à toute enclave provenant d'un esprit d'homme.

fragmentation, affolant, incessant réembarquement d'ici à plus loin, plus loin, plus loin, plus loin, plus loin, plus loin, plus loin, plus loin, à jamais loin de tout havre. Infini infinisant tout, mais plus qu'à tout autre sentiment accordé merveilleusement à bonté, tolérance, tolérance, miséricorde, acceptation, égalité, pardon, patience, amour et universelle *compassion*.

Quelqu'un oserait-il ici parler d'ondes ? Oui et même d'une certaine onde. Un génie est bien nourri par des vitamines et de la chair animale et entretenu par ses hormones. Est-il si scandaleux que ce qu'il y a de plus immatériel dans la matière vienne soutenir le sentiment de l'infini ? « Le Peyotl aide à adorer », disait un de ses fidèles. L'onde qui aide à adorer. Celui qui a pris de la mescaline a pris un bol de vibrations, voilà ce qu'il a pris et qui le possède maintenant. Aidé de son exaltation, puisse-t-il établir en lui la meilleure [1] onde, celle qui, par sa merveilleuse

1. Un peu avant l'extase, je remarquais des ondes égales, les sinusoïdales, qui sont aussi les plus simples des fonctions périodiques. Cela existe, les ondulations religieuses. Les artistes, et pas seulement les bouddhistes, savent que les lignes parallèles, serrées, doucement ondulées, répétées rythmiquement avec très peu de variations, sont des lignes d'abandon aux sentiments de pitié, de religion et d'infini. Des dessins faits à la fin de la journée mescalinienne montrent cette tendance dans leurs douces sinuosités parallèles qui les rapprochent aussi des dessins médiumniques.

Nombreux exemples chez les mystiques d'Orient. Ramakrishna décrit ainsi sa première extase : « ... Aussi loin que pouvait aller mon regard, j'apercevais de brillantes vagues, qui surgissaient de tous côtés, et déferlaient sur moi... » (*Ramakrishna et la vitalité hindoue*, par S. Lemaître, Éd. du Seuil, p. 62).

inhabituelle régularité, et par son amplitude, soulève et donne majestueuse importance, onde qui est support pour l'infini, sa sustentation, sa litanie.

L'impression de prolongements, de persistance, de fascination, par répétition inhabituelle dont on ne se débarrasse pas, un certain radotage, le rail sinueux d'une continuation en vous qui hypnotise, paraissent aussi venir de l'onde entraînante. Foi par voie vibratoire.

Alternance. Oscillation dans les idées, les désirs.

Caractères de cette alternance : Un exemple d'abord : si, dans l'ivresse mescalinienne, vous avez le désir de voir quelqu'un et de ne plus rester seul, à peine apparu, ce désir semble attrapé par une immatérielle poigne à mouvements contradictoires. Cinquante fois en une minute, vous passez de « Je vais l'appeler » à « non, je n'appelle pas », à « si, j'appelle », à « non, je n'appelle pas », etc.

Cette alternance n'est pas intellectuelle. Elle n'est pas de jugement. Vous n'êtes absolument pas plus avancé après cinquante aller et retour qu'après le premier. Rien n'a mûri. Vous n'êtes pas plus près d'une décision. Les arguments pour ou contre n'ont pas pu se montrer, encore moins se développer. Vous avez subi, comme des poussées physiques, cinquante impulsions dans un

27

sens, et autant dans l'autre (ou étaient-ce des cessations d'impulsions ?).

De ces impulsions alternatives, une est totalement « pour » sans une trace de « contre » ou de « douteux » (et toujours en pleine impétuosité). Vous projetant dans le « pour » et l'autre parfaitement contre, ou au moins annulatrice, vous laissant sans désir, sans plus une trace de désir, dans un repos parfait (et, sans raison, absolument revenu du désir pourtant si extrême il y a un instant encore).

Seul, le résultat final est de l'ambivalence, mais jamais les deux impulsions ne paraissent ensemble, en un tableau les contenant toutes deux, en un mélange harmonieux ou inharmonieux. Il semble que cela soit impossible, contre nature. Les impulsions apparaissent séparées, successives, sans la plus petite trace de mélange.

Comment ne pas songer à un entraînement oscillatoire, à un entraînement imposé... à une onde forte en amplitude et voltage, et dont les fréquences ne permettraient pas un fonctionnement utile de la pensée ?

Le moins qu'on puisse imaginer est un phénomène périodique affectant la cellule nerveuse, comme serait une succession plus rapide de polarisations et de dépolarisations.

La dualité est-elle toujours présente, la conscience est-elle un état oscillatoire, créant antagonisme[1] dont le présent état n'est que l'accélération et l'amplification, mais telle que le système ne fonctionne plus, un choix convenable n'étant plus possible?

Dualité ici fanatique et pareille dans les vues de l'esprit. Un moment on voit l'aspect habituel, un moment après l'aspect mauvais, pervers, incorrect. L'un, puis l'autre. Sans mélange. Le côté pervers, puis le côté pur, puis le pervers (actes pervers, réflexe pervers, dessous des cartes), puis de nouveau le pur ou le correct, ou le normal qui n'est peut-être que la cessation du pervers. Absolu non-mélange. Diabolique clairvoyance.

A lui seul, le phénomène mécanique de l'oscillation (une fois amplifié et accéléré) peut être un désastre. Les passages contradictoires brisent le courage de vivre, brisent la volonté. Certains passages oscillants ne permettent plus à une image de se former, de subsister, ne permettent

1. Stéphane Lupasco, dans *Logique et Contradiction* (Presses Universitaires, 1947) et dans plusieurs études, proclame l'importance et presque l'omniprésence des antagonismes. Cependant, il voit dans l'aliéné quelqu'un qui se trouverait privé, retiré des antagonismes. (*Les Trois matières*, 1960, Éd. Julliard, p. 93.) Façon ingénieuse de rendre compte de certains délires absolument non critiques et de la démarche mentale unilinéaire des schizophrènes. Mais les antagonismes, simplement se plaçant autrement, ne cessent pas, tout au contraire. J'ai vu — et rien n'est plus courant — un schizophrène, enfermé depuis vingt ans dans son système délirant et qui n'en était pas moins le sujet et presque caricatural d'une ambivalence extraordinaire, presque mécanique, où les négations suivaient aussitôt les affirmations, dans un rebondissement d'oppositions continuel.

pas à une pensée de se maintenir, de venir intacte. Ondes si intolérables qu'elles ont conduit des aliénés qui en étaient victimes à se jeter par la fenêtre pour en finir avec ce serpent infernal et sans épaisseur, qui les empêchait de penser et les poussait à penser, qui les détachait et les atta-chait et les détachait sans fin, sans fin. — En se suicidant, ils y ont mis fin. Ondes à folie.

Si l'état normal est mélange, examen et maî-trise des pulsions et des vues antagonistes, si l'état créé par la drogue ou par une maladie mentale est oscillation avec succession et sépara-tion totale des pulsions antagonistes et points de vue opposés, il existe un *troisième état*, celui-ci sans alternance, comme *sans mélange*, où la conscience dans une totalité inouïe règne *sans antagonisme aucun*. Extase (ou cosmique ou d'amour, ou érotique, ou diabolique). Sans une exaltation extrême on n'y entre pas. Une fois dedans, toute variété disparaît dans ce qui paraît un univers indépendant. L'extase et l'extase seule ouvre l'absolument sans mélange, l'absolument non interrompu par la plus infime opposition ou impureté qui soit le moindrement, même allusi-vement, autre. Univers pur, d'une totale homo-généité énergétique où vit ensemble, et en flots, l'absolument de même race, de même signe, de même orientation.

Cela, cela seulement est « le grand jeu », et peu importe alors qu'une onde ou non aide cet univers autonome, où un transport, comparable à rien de ce qui est de ce monde, vous maintient soulevé, hors des lois mentales, dans une mer de félicité [1].

---

1. Une autre fois, avec la même entièreté, on sera dans le bain d'une parfaite perversité pareillement impossible à quitter, pareillement sans mélange et noyauté.

II

LA PSILOCYBINE
(Expériences et autocritique)

II

LA PSILOCYBINE

(Expériences et autocritique)

PREMIÈRE EXPÉRIENCE

La première chose surprenante, après bientôt trois quarts d'heure et quand je me trouvais presque gêné devant des étrangers de me montrer si peu sensible, fut la photographie d'un, puis de deux personnages, qui me parurent singulièrement arrêtés [1].

L'un d'eux était Macmillan. Il n'aurait pas dû me paraître surprenant, le naturel des photographies étant d'imposer un arrêt. Mais cet arrêt était un prodigieux arrêt, un arrêt qui n'en

---

1. Récit d'une expérience faite en 1958 à l'hôpital Sainte-Anne. Grâce à l'obligeance du professeur Roger Heim, directeur du Muséum, et du professeur Jean Delay, je pus essayer sur moi la psilocybine, tirée d'un champignon mexicain, *Psilocybe mexicana Heim,* identifié, rapporté, essayé et cultivé au Muséum par le professeur Heim et isolé par le Dr Hoffman, de Bâle.

La deuxième expérience je l'ai faite, seul, chez moi, avec une dose moindre : 4 mg au lieu de la normale qui est 10 mg, et le matin au lieu de l'après-midi.

Les champignons sacrés du Mexique (il en existe plusieurs variétés) sont l'objet d'un culte. A consulter : *Les Champignons hallucinogènes du Mexique,* par Roger Heim et R. Gordon Wasson, avec de nombreux collaborateurs (Éd. du Muséum, Paris, 1958).

finissait pas, incessamment renouvelé en tant qu'empêchement aux mouvements, signe possible que je commençais, sans encore le savoir, à être envahi de petits mouvements intérieurs, tandis qu'une autre région de moi entrait dans une immobilité proportionnelle. Macmillan, je le savais, était à ce moment à Moscou et bien empêché par une ruse et une insolence extrême de M. K. destinées à lui faire perdre la face. Cet empêchement-là n'est pas tout à fait à exclure. Dans la drogue les affluents viennent de toutes parts, instantanément grossis, méconnaissables.

Quoi qu'il en fût de lui et de son immobilité, je m'en débarrassai en tournant la page de la revue qui le contenait. Ce ne fut pas sans avoir à produire un certain effort. Et là, premier ou second d'un rang défilant en l'honneur de ce même Macmillan, était un soldat soviétique, dans une attitude de raideur comme il est d'usage en pareil cas, la bouche volontaire et qui avec l'âge deviendrait méprisante, formant presque un dais, une bouche très au garde-à-vous.

Chaque fois que je tournais mes yeux vers cette bouche, elle opérait comme une répétition d'immobilisation qui, même pour l'armée, présentait quelque chose d'anormal dans la contrainte. Ainsi le Soviétique et l'Anglais se trouvaient extraordinairement unis, quoique sans le savoir et sans aucune utilité pour quelque cause que ce fût, sociale, nationale ou même supranationale.

Semblablement, mais à un bien moindre degré, je commençais à trouver bien immobiles et empruntés les quatre docteurs qui m'observaient. Tout à l'heure ils seraient tout à fait en bois. Le moment n'était pas encore venu. Je fermai les yeux. Alors nagea devant moi un poisson à la dent unique du dessus, à la dent unique du dessous qui est, je crois bien ne pas me tromper, un Baliste *(Balistes vetulus)*. J'en avais vu un quelque trois jours plus tôt dans un film où étouffant hors de son élément, dans le fond d'une pirogue, et presque mourant, il broya néanmoins sans difficulté et sans avoir à s'y reprendre, une solide boîte de conserve qu'on lui avait glissée entre les dents. Ce spectacle pouvait à juste titre avoir frappé n'importe qui dans la salle et le souvenir que j'en ressuscitai en revoyant sa grande gueule pâle et blafarde ne devait pas, me semblait-il, suffire à me faire juger obsédé par l'image mythique du « vagin denté » décrit par les spécialistes. Je le dis aux psychiatres présents, sachant combien, depuis cinquante ans, les experts sont devenus rhéteurs à propos de certains organes. Mais derrière un léger sourire ambigu, ils retinrent par-devers eux leurs réflexions.

A nouveau je fermai les yeux.

Se liant alors tant bien que mal à cette vision,

je vis des murs cyclopéens. Il s'en trouvait dans la revue du Pérou que j'avais apportée et feuilletée rapidement. Je voyais à présent des murs du même type, mais aux blocs de pierre autrement dissymétriques, d'une dissymétrie invraisemblable, qui grâce à cette intrication merveilleuse se soutenaient parfaitement, et ces murs étaient cartilagineux !

Je sentis ensuite confusément puis plus fortement, de plus en plus fortement, quelque chose qui voulait me diriger, voulait me soumettre, voulait ma docilité. Impérativement, inexplicablement, j'étais poussé vers une sorte de morale conventionnelle et de religion de bien-pensant.

Fermant les yeux, je vis un extrêmement haut prie-Dieu qui n'eût pu convenir à homme au monde, à moins d'imaginer un chanoine maigre de la taille d'une girafe adulte, ce qui ne me vint pas à l'esprit, et le prie-Dieu resta inoccupé et seul dans l'espace, faisant peut-être allusion à moi qui n'acceptais pas cette invitation religieuse (particulièrement occidentale et conformiste).

Vraisemblablement dans le même esprit, j'écrivis sans raison apparente sur le moment : « les visages des augustes orants », membre d'une phrase qui n'est peut-être pas de moi et qu'il me parut recevoir sous dictée. Sur ma droite apparurent des êtres pacifiés, couleur de pierre, presque des statues, mais respirant encore quoique faiblement et lentement, étendus tout à fait à l'horizontale sur des dalles nues. Quelques têtes, à part, montraient également des visages calmes et posés, dans la pénombre et le silence.

De petites étendues d'eau (ou de sable blanc?) se mirent à luire dans des encadrements de pierre considérables, tels qu'en plus petit et en métal on en voit autour de certaines photographies de famille. Très ornés et plaisants, je me demandais comment il se faisait que des cadres pareils je n'en eusse jamais rencontrés dans aucun jardin, autour des gazons ou des fleurs. Enfin, je vis d'immenses coulmas. J'écrivis le mot aussitôt, mais je ne sais plus ce que sont les coulmas. En notant le vocable, je me décapitai de la vision et de son sens, le mot seul resta, témoin inutilisable.

Sur tout cela, disparaissait et réapparaissait, en des endroits nouveaux imprévisibles, un mouvant sourire de pierre que les surfaces les plus diverses par leur ensemble ou leurs ensembles partiels composaient et recomposaient différemment au rythme d'une lente opération que je ne saisissais que là.

L'atmosphère était à l'amortissement. Comme si quelque présence faisait faire silence, malgré le bruit non négligeable d'une horloge de table qui, tout bruit qu'il était, ne pouvait réduire ni tout à fait étouffer un « chut » imprononcé mais là, doucement impératif et rayonnant.

Une des dernières choses que je vis avant de « plonger », fut quantité de bouches, de pittoresques bouches à cinq suçoirs au lieu de langues. Il n'est pas impossible que ce spectacle rendît l'impression que l'on voulait me faire parler. Les bouches des médecins témoins posaient peu de questions mais étaient avides d'en poser. Je les avais devant moi. Suceuses de paroles.

Je n'étais pas, on le voit, très alerte, nullement vigilant comme dans l'ivresse de la mescaline.

De visions, peu, parfois incongrues, en rapport plutôt avec des pensées critiques qu'avec l'impression générale que j'avais, que j'avais de plus en plus, de sentir des appels à une sorte de conformisme religieux.

J'entrais, c'était sûr, dans un courant que d'autres eussent appelé bénéfique. Je ne voyais pas encore nettement que cela me brassait, mais cela sûrement commençait. Brassages, appels persuasifs, poussées de conformisme, appels à « sauvegarder l'idéal » (mais muets, sans mots), invitations à me déraidir étaient les aspects d'un même phénomène, d'une même tendance. Je disais à voix haute : « Je ne veux pas avaler ce gros caramel », « Je ne veux pas de ce qui vient à moi avec prédication », « Je ne veux pas de ce qui vient presque gentiment, mais puissamment, me tourner et me retourner ». Car je n'oubliais pas de ne vouloir pas.

Sous une tout autre forme que celle que je connaissais, c'était toujours de la drogue, c'est-à-dire un poison offrant qui propose : « Paradis. Paradis pour toi si tu acceptes. » Ce paradis, car chaque drogue a le sien, était paradis d'obéissance pour devenir idéalement normal, soumis à l'esprit de groupe (ou obéissant à l'éducation reçue ?).

Est-ce ainsi que la psilocybine guérit, en désingularisant ?

Je ne disais pas encore cela.

J'avais à faire. J'étais occupé à observer, possiblement me dupant, un phénomène qui n'était peut-être qu'une représentation motrice de mon état de difficulté. Car j'étais de plus en plus en difficulté sans pour autant prendre peur [1].

Donc, j'étais assailli par des ondulations. De considérables. De larges, de fortes, aptes à me déformer. J'avais à y faire face.

Mon corps autour de moi avait fondu. Mon être m'apparaissait (si je gardais les paupières baissées et sans repères visuels) une substance

1. La psilocybine ne donne en général et ne me donnait à moi en particulier, ni nausées, ni angoisse dans la région du cœur, ni mal de tête, ni mal au foie, ni vrai vertige. Elle enlevait de la force musculaire, de l'attention au musculaire. Tenir un crayon était un effort extrême, d'ailleurs impossible à presque tous les sujets. Elle détend, enlève de l'impressionnabilité, c'est-à-dire à moi m'enlevait presque entier.

informe, homogène, comme est une amibe. Plus homogène encore. Je ne me sentais pas rapetissé mais seulement indifférencié. Sur moi, sur mes frontières, avec une grande amplitude, des ondes, ou des lignes ondulantes, résistantes, d'énergie pleines. Des serpents de force. Ils commençaient (il fallut longtemps avant que je m'en émeuve) à m'enrober, à me traverser, à me former et déformer rythmiquement, à me traverser beaucoup, à me travailler beaucoup, à de tout me distraire beaucoup, à m'arracher beaucoup, à m'exhorter beaucoup, à me tordre beaucoup, à me plier beaucoup, à vouloir me faire souple, à vouloir me faire fluide, à vouloir me rendre sans résistance. Mais toujours sans impétuosité, sans méchanceté, sans brutalité, sans violence, sans brusquerie, très patiemment, très flexueusement, très *Yin* et pas du tout *Yang*. Et recommençaient, et recommençaient sans répit les irrésistibles tentatives acharnées, comme bras artificiels pétrissant une pâte préparée. Moi, j'étais cette pâte.

Bras sans substance, très efficaces et nombreusement constitués, comme cheveux de femme dans une tresse épaisse.

Tantôt je sentais plus le brassage, tantôt plus la prédication (prédication biologique tendant à me remodeler). Massage fluidique ou discours, ce rabâchage n'en finissait plus. Il fallait indéfiniment reprendre la gymnastique cellulaire, répondre à l'appel organique, répondre oui, cesser de faire le résistant, le cabochard, et me laisser faire comme tout le monde, me laisser diriger pour de bon, et venir au modèle honnête homme, très honnête homme, homme selon l'idéal de la société.

Et toujours ces lanières ondulantes [1] et sans corps venaient et revenaient me travailler avec plus d'amplitude, en un malaxage et remassage, hammam psychique qui eût dû desserrer, décontracter, le plus décidé, le plus ferme des hommes. Moi, pas inquiet, je continuais à « être ». Sans plus. C'était beaucoup. On s'étonnait autour de moi de me voir si peu ému. Dans une sorte d'indifférence, j'attendais que ce fleuve à vagues ecclésiastiques et moralisatrices voulût bien passer.

De visions, plus question, ou à peine, entre deux rapides brassages. Je voyais souvent des grimaces. Peut-être venaient-elles de mon être dédoublé et témoin, qui m'entendant parler sérieusement (trop) et avec trop de complaisance

1. Un rapport, au moins indirect, existe sûrement avec l'écriture ravagée par des rythmes que l'on a dans ces moments. Le professeur Heim, expérimentant avec le *Psilocybe Aztecorum,* la décrit en ces termes, si justes : « Les jambages des lettres de mon écriture rappelaient les lignes d'un diagramme aux oscillations serrées », et, sous l'effet du *Stropharia cubensis,* il note l'apparition d'une écriture « en dents de scie » (pp. 29 et 31 de la *Revue de Mycologie,* septembre 1957, Paris).

aussi et de docilité et de zèle à ces docteurs curieux qui voulaient que je « communique », se moquait en douce de mes explications empressées ? Ces grimaces rendaient manifestes des torsions formidables comme la tératologie et les « gueules cassées » n'en présentent pas, sans pour cela rendre repoussants les visages qu'elles marquaient, laids seulement d'une laideur sans conséquence, non sentie comme laideur.

J'étais, comme écrivent les médecins, dans une neutralité affective parfaite. Ces grimaces m'intéressaient — si ceci n'est pas une contradiction. Extrêmement compliquées, avec des relais faciaux (si je puis dire) tant la surface que couvraient ces grimaces était immense. Là, j'aurais dû me méfier, au vu de cette grandeur qui traduisait l'envahissement énorme que je subissais, mais cette drogue s'y était prise de façon si ménagée, par gradations si douces que je ne m'aperçus du danger qu'en plein dedans. Même alors, je ne fus pas affecté (elle m'avait décidément enlevé mon impressionnabilité). J'étais venu pour ce travail. C'était mon travail que d'y être et tout ce que j'avais à faire était de renseigner tant que je pouvais les témoins que, dès que je rouvrais les yeux, je retrouvais assis, inchangés, immobiles, comme à la terrasse d'un autre univers, tandis que le mien était en pleine désagrégation.

Toujours flegmatiques, silencieux, quêteurs, ils interrogeaient du regard le plongeur que j'étais dès que je faisais surface. Leur visage qui se voulait naturel était embarrassé.

J'essayais laborieusement de leur montrer (je n'avais pas tous mes moyens), que les grimaces en somme s'expliquaient par la combinaison de lignes tordues, lesquelles donnent fatalement des grimaces, dès que l'on imagine dedans un œil, une bouche, un visage. Les lignes ondulantes, jusque-là neutres affectivement, aussitôt paraissent grimaçantes. C'est qu'étant senties comme figures, on les éprouve comme monstrueuses, effarantes, souffrantes ou mauvaises ou ridicules au lieu d'être, comme elles étaient avant, de simples lignes qui se tordent, se distendent, s'entrelacent. Mais eux, muets, sans doute mal convaincus, attendaient que je passe à un autre sujet, à une idée moins « folle » (!) ou — qui sait? — à une idée carrément folle, plus nettement délirante, qu'ils eussent pu identifier à coup sûr comme telle, au lieu de rester dans le doute.

Pour moi, l'aspect insolite de ma situation devenait plus patent, plus absorbant. Les yeux fermés, j'étais dans le grand monde des fluides, plus forts que tout, fluide moi-même, plus compact seulement, plus consistant. Les yeux ouverts, j'étais devant quatre étrangers, assis, sans rien faire. Quoique accablé, je répondais à la demande tacite, je parlais, je me dévoyais dans des paroles explicatives, puis fermant à nouveau les yeux, je me replongeais dans le fleuve aux flots innombrables où il n'y avait ni examinateurs, ni professeurs, mais seulement des ondulations, des ondulations sans rien d'autre, des ondulations incessantes, brassant tout dans une parfaite et presque cosmique monotonie, dans une inlassable houle, loin des demeures des hommes et des raisonnements et des catégories des hommes et des divisions et des cloisonnements. Chaque vingtième de minute, ou chaque centième ou cinq centième de minute(?), j'y retombais, j'y refaisais naufrage. J'y oubliais tout en y faisant naufrage, j'y naufrageais aussitôt le souvenir de leur présence et de toute autre réalité. Et naturellement, mon corps. Sans repères visuels, plus de corps. Plus que des ondulations. De plus en plus rares et légères étaient les visions, de plus en plus pénible et infructueux l'effort pour aller vers elles. Un temps extrêmement court un visage m'apparut aux dizaines d'yeux plantés dans une carrière ouverte en une des joues, et qui regardaient de tous côtés. Mais vraiment j'étais trop chiffonné pour m'attarder. Le brassage intérieur que j'avais repéré n'était pas pour autant arrêté, ni même diminué. C'était indéfiniment à recommencer. Lutte maudite à reprendre au même moment, à la même prise, sans progrès. Pour la cinq millième fois peut-être, il fallait tenir bon contre le dérangement, ou plutôt l'arrangement imposé, contre l'assaut sans variété mais indéfiniment repris de cet insupportable harmoniseur entêté, anonyme, qui, rejeté régulièrement, se remettait sans se lasser à vouloir réveiller en moi je ne sais quelles bonnes dispositions, quelle bonne conduite, quelles bonnes résolutions.

Si je ne suis pas rentré dans le rang cette fois, ce ne sera jamais fait.

Cet appel organique, non parlé, qui voulait diligemment, avec une patience de femmes (quand elles en ont) me remodeler, me débarrasser de mes pointes, de mes singularités, et que je fasse ma soumission, était impayable. Cet enlève-insubordination aurait dû mieux agir. Peut-être mon insubordination, je la cachais (même à moi) pour mieux la préserver, peut-être était-elle cachée trop loin, même pour un champignon sacré. En tout cas, il m'enlevait bien mes pointes, mon impressionnabilité, mes différences soudaines de tonus. Il m'enlevait mon originalité. (Un des docteurs, visiblement déçu, en fit plus tard la remarque.)

Ce maniement psychique, ne me permettant plus mon style, mais ne m'emportant pas non plus malgré ses dragages et ses appels engageants[1], l'impression me vint à je ne sais plus quel moment qu'il n'y aurait ni vainqueur ni vaincu.

Tantôt dans le fleuve tourmenteur, tantôt dans un bureau en face de plusieurs témoins, qui m'attendaient à mes retours, mes cinq cents retours avec paroles, puis de nouveau dans le « phénomène » qui me reprenait et les annulait, puis de nouveau devant mon tribunal des quatre. Ainsi, entre ces deux univers, alternant sans fin, également étrangers, passant sans cesse de l'un à l'autre, j'étais également dehors et sans place.

D'un côté enfoncé, de l'autre parlant trop, me vidant en paroles (banales, ressassées d'ailleurs) toutefois pas continues.

Pendant un silence, j'entendis un médecin prononcer à l'oreille d'un autre : « Cas typique de dépersonnalisation[2]. »

A ces mots, reconnaissant les impropriétés du langage, je sus que le monde n'avait guère changé durant ma noyade. Sans doute, je me sentais une masse amorphe entre des lignes de force. Perte d'impression du corps, mais nulle-

1. *Maintien, attitude :* envers des idées. Un état d'âme est lié à *toute pensée.* L'originalité est une indiscipline, l'idée est un *penchant,* une cénesthésique complaisance. (D'où la différence des idées entre les uns et les autres. D'où les batailles pour ce que l'on appelle les idées, mais qui appartiennent à des ensembles « sentis ».)

2. Expression classique en psychiatrie, mais qui dit souvent plus qu'elle ne doit dire.

ment de ma personne aussi complexe et « située » qu'avant, simplement fort occupée par moments comme le serait un malade luttant contre une douleur très forte, qui fait qu'il y « revient » sans cesse. Je ne commettais aucune erreur directe non plus sur la leur. La mienne n'étant pas affectée, je ne changeais pas la leur.

Tout autre, celle-là profondément changée, la conscience de mon corps que je ne me sentais plus occuper convenablement, continûment. Ne sentant pas mon corps en son entier, en son détail mais mal, à peine et sporadiquement, ne sentant pas mon visage, ne pouvant le sentir en imagination, je n'arrivais pas à sentir la vie de *leur* visage à eux. Je les recomposais mal, proportionnellement à la façon dont mal j'occupais le mien. Mais le mien, je ne l'ai pas en face de moi pour l'observer. Il ne m'était pas un spectacle, tandis qu'eux... Mon attention, dès que je rouvrais les yeux, surtout dans la deuxième moitié de l'expérience, allait donc à leur visage, sans naturel. Visiblement, ils se fatiguaient de plus en plus. J'étais gêné pour eux. Je parlais dans l'espoir de les voir se ranimer un peu. Leur air compassé me restera longtemps dans la mémoire.

Quitter la folie de mon monde pour les retrouver en cet état était une sorte de nouvelle folie particulièrement absurde, car enfin il fallait bien reconnaître que c'était moi qui subissais le cataclysme psilocybique, non eux, et c'étaient eux qui prenaient l'air déshabité de zombis et tel que, s'il n'y avait pas tant de choses étranges à Sainte-Anne, le portier eût dû hésiter tout à l'heure à les laisser sortir dans l'état où ils étaient. Rigides, en bois, mal agencés, mal conçus, essais lamentables d'imitation de têtes d'hommes faits par un paysan sculpteur du dimanche dans un canton suisse, leur groupe était ahurissant.

Non, vraiment, ce n'était pas agréable pour moi de les retrouver dans cette agonie assise parente de la mienne (plus près, en effet, d'une agonie que d'une ivresse était mon intoxication.) J'avais peine à me retenir de leur en parler. Ils ne l'eussent pas bien pris sans doute.

M'étant levé — à ce propos ou à quelque autre — pour m'observer dans la glace, je compris aussitôt que j'avais le même type de visage qu'eux, toutefois plus extériorisé. En fait, il avait un peu rosi aux pommettes et quelque animation lui venait de la parole mais lui aussi, en partie déshabité, participait de la même étrangeté, visage que les impressions de l'intérieur ne vitalisaient plus, que je ne ressentais plus.

Je n'arrivais pas à le recomposer — ni le mien, ni le leur — à les remplir (mentalement) des sensations qui leur correspondent normalement.

Les femmes médecins étaient moins modifiées,

peut-être parce que plus jeunes, moins angu-
leuses, plus agréables, harmonieuses. Quant aux
témoins hommes, malgré l'explication qu'en gros
je venais de me donner, ils ne cessèrent jusqu'à la
fin de me préoccuper.

A des moments de plus grand abandon (sans
doute) de mon propre corps, je les voyais plus
mal en point. Leurs faces altérées m'accablaient
alors : cinquante fois, j'ai failli leur dire : « Doc-
teur, je vous en prie, à quoi bon cette identifica-
tion ? Remettez-vous, ça n'arrange rien que vous
preniez ces mines. » Mais je retenais ma langue
au dernier moment. Il faut être prudent en ces
lieux.

Enfin, quand je ne m'y attendais plus, le teint
de l'un d'eux s'éclaira. Encore quelques minutes,
sa mâchoire inférieure au reste de sa figure
s'ajusta de façon satisfaisante, encore quelques
minutes et sa voix qui jusque-là me semblait
également mal placée, pas fausse mais n'allant
pas avec le reste et comme sortie d'une autre tête,
se remit en place. Ouf! Le teint surtout faisait
plaisir à revoir, vraiment excellent. Je ne l'aurais
pas cru capable de se remettre si vite. Mais du
docteur, parti plus tôt et que je n'ai pas revu, je
garde l'impression reçue, que je ne peux redres-
ser, d'une santé profondément atteinte. Une
heure plus tard, je la lui eusse sans doute rendue
intacte.

L'après-midi était avancé. Nous sortîmes, deux des docteurs et moi, tous trois à peu près remis. Mes yeux étaient battus, mais une heure après il n'y paraissait plus.

Dans la voiture de Mlle L..., et tout en lui parlant, je ressassais à part moi l'extrême indécence qu'il y a d'être sous l'effet d'une drogue devant des étrangers qui n'en ont pas pris. Je sentais aussi comme jamais le scandale de la drogue : vous êtes emporté, vous êtes dans un autre monde et quatre heures après vous êtes dans la rue, vous êtes pareil aux autres, vous rentrez tranquillement chez vous, vous allez manger !

J'étais peu satisfait. J'étais tombé dans le piège des paroles dont j'ignorais l'existence, m'étant, avant de l'essayer, abstenu exprès d'enquêter sur cette drogue où ce phénomène est connu et commun. J'avais subi une folie (?) qui n'affole pas, m'avait montré peu de choses, m'avait rendu placide.

J'ignorais encore le nom mazatèque du champignon, nom prodigieusement bien trouvé qui signifie *éboulement*. Dans cet éboulement j'avais perdu mon style.

Non pas deux fois, non pas trois, mais huit, neuf fois, j'ai dû reprendre le présent écrit, tant il était, tant il restait inexplicablement informe, relâché, détendu, « défait », privé de ce que je peux avoir de spontané, de réagissant, d' « à moi ». Vraisemblablement il garde encore quelques marques de soumission que je n'ai pu lui retirer, soumis à l'histoire, devenu chroniqueur par manque d'indépendance et de combativité.

Dans l'épreuve psilocybienne qui m'amoindrissait, je prenais du recul, je me mettais en état de défense, reportant mes défenses vers l'arrière d'une façon inconsciente. Ce fut une surprise pour moi, à relire mon texte, d'y trouver tout au long de l'ironie, signe d'une vigilance d'infirme prêt à un combat d'arrière-garde. Ce serait pourtant se méprendre que de voir une charge dans ma description des visages qui m'entouraient. A beaucoup de ceux qui ont pris de la psilocybine, de l'acide lysergique, ou de la mescaline, comme à beaucoup d'aliénés, les « autres », famille, médecins, gardes et visiteurs apparaissent étrangement anormaux, mal faits, factices. Pour moi ce fut une découverte, ayant pris en général ces produits seul, ou dans une demi-obscurité. J'ai cru bon de dire ce que les assistants en général oublient, veulent oublier ou ignorer, ne pouvant trouver une attitude convenable à la situation « renversée ».

DEUXIÈME EXPÉRIENCE

Cette fois, je ne parlai pas. M'en gardant bien. M'y refusant de toutes mes dernières forces. Et j'arrivai à écrire. M'y forçant. Forçant ma main. Tout un temps, une comparaison m'étant venue à l'esprit, celle d'un remorqueur quittant le port et pénétrant dans une mer tempétueuse, où il trace son chemin malaisément, tout un temps ma main, pourtant pas à plus de vingt centimètres de mes yeux, m'apparut plus comme un remorqueur, entouré d'eau agitée, que comme une main. Comme main, elle était toute brouillée. Mais enfin elle allait de l'avant, moi décidé, ne lui permettant pas le repos. Je ne pus toutefois forcer mon attention à découvrir le détail du phénomène qui me délabrait. Si j'avais vu clair dans la transe mescalinienne, c'était à cause d'une stimulation mentale générale. Ici elle me manquait totalement [1]. J'étais dans le fond d'une tranchée. Eh bien alors, il aurait fallu m'en accommoder, chercher à m'y plaire. L'idée ne

---

1. D'autres ont connu, au moins au début, une agitation et des visions colorées, mais « le plus souvent le sujet accuse un vide idéique plus ou moins complet ». *La Psilocybine*, par J. Delay, P. Pichot et T. Lamperière, *La Presse médicale*, n° 49, du 24 octobre 1959.

m'en vint pas. (Cela semble extraordinaire, mais dans la drogue on reste sans le savoir fasciné, sans songer à changer d'orientation.) Je demeurais à attendre que ma vigilance revienne, sans profiter de l'état d'apaisement que je trouvais contrariant!

Les visions lentes, collantes, pas proprement visionnaires, étaient d'hommes, presque géants, aux poses gênantes tant elles étaient abandonnées et comme on n'en rencontre qu'en temps de guerre, sur les terrains où une unité a été surprise et décimée. Invraisemblablement inertes, je ne les observais que de loin en loin, ne tenant pas à les regarder. Toutefois, je ne les voyais pas morts. Non, rien de funèbre en eux. Seulement des êtres lassés comme on ne saurait dire, bras et jambes et la taille aussi dans un repos de plomb, dans un repos d'un autre monde. Faits d'étoffes précieuses, leurs vêtements étaient lourds, chargés, presque d'apparat... et d'autrefois. Somptueux surtout. Pourquoi si somptueux? Je ne comprenais toujours pas ma propre comparaison, celle que je faisais si théâtralement, si cinématographiquement et dont j'observais, stupide, la réalisation visionnaire. Je ne comprenais pas que le repos, le sur-repos, la paix, forcée sans doute, paix quand même, paix sur moi, contre moi il est vrai plutôt qu'en moi, que cette paix prodigieuse loin de l'agitation de la foule, loin des occupa-

tions et des travaux et des nécessités interven-
tionnaires de la vie, c'était du luxe, un luxe dont
en effet j'étais plus revêtu que pénétré et jouis-
seur. J'étais dans le luxe de ne rien faire, de
n'envisager de rien faire dans quelque avenir que
ce fût, j'étais plus à l'abri d'avoir rien à faire et
des pensées du « faire » que ne fut jamais un
indolent potentat oriental. Et tout de même, sur
le moment je ne comprenais pas ! Seulement
gêné, je me détournais tant que je pouvais
d'observer ces grands riches immobiles, étendus,
en qui seulement confusément je sentais la gra-
vité d'un dangereux retrait de vie quelque part.
Où ? Je n'aurais su le dire.

Combien de temps durèrent et s'enlisèrent les
visions, l'expérience et moi, je ne sais. Du vague.
Des vagues. De l'étrange mais qui ne frappait pas
assez fort, des nappes souterraines d'étrange...

. . . .

L'expérience étant presque terminée, j'appelai
une amie médecin, qui avait bien voulu se tenir
dans la pièce voisine pour répondre éventuelle-
ment à un accident s'il en était arrivé un, et me
mis à parler avec elle pour essayer de débrouiller
ce mystérieux retour à l'enfance, que l'on m'avait
dit très commun et dont pour ma part je ne

voyais pas trace, ni quel en pouvait être le chemin. Elle se mit avec moi à chercher les causes possibles. Le temps passait. On ne savait plus qu'il passait. Elle se mit à raconter son passé, son enfance. C'était extraordinaire. Nous ne voyions pas que c'était extraordinaire. Quand elle se leva, quatre heures avaient passé en confidences. Moi j'avais pris la psilocybine. Elle me livrait son enfance !

C'était merveilleux, mais non pas absurde. Ma propre désinhibition, ma presque parfaite égalité d'âme, perceptible, évidemment, lui ayant fait tomber sa garde, avait fait le miracle et accompli un retour à l'enfance inattendu.

Sans doute, c'est d'abord pour m'aider que le témoin avait examiné et découvert des épisodes de son enfance. Ensuite moi j'en avais découvert un peu de la mienne. Dans une mutuelle confiance, nous « les » comparions. Tout de même, cet inhabituel apaisement était particulier, en tout cas me conduisait à comprendre enfin la conclusion du Pr Delay « *que le principal intérêt de la psilocybine réside dans la possibilité de provoquer des réminiscences (d'événements traumatisants) et la levée de réticences* ».

L'adulte tient secrète son enfance, comme une affaire personnelle, comme une époque passée, dépassée, à ne pas trahir, faite souvent de beaucoup de hontes. Grande preuve de confiance et d'abandon que de revenir à son enfance en présence de quelqu'un qui vous a connu plus tard. Car on est naturellement renégat des trop humbles conditions du jeune âge, désireux de montrer surtout le surhomme, et l'homme est le surhomme de l'enfant.

Revivre un épisode de sa vie enfantine devant autrui n'est pas naturel. Il faut être naïf pour croire qu'on peut se confier à quelqu'un impunément et lui donner des armes. Les gens qui ont vécu ensemble longtemps en savent quelque chose.

Les effets de la psilocybine sont multiples. Elle peut donner une sorte d'extase tranquille, guérir certains malades mentaux très « fermés », très « autistes », qu'elle amène assez vite, parfois en une séance, à s'ouvrir, se découvrir, à reprendre le contact avec les autres. Elle peut à certains donner des visions et un état d'étrangeté, et surtout l'impression d'être dans un fond, dans l'essentiel, loin des hommes et de l'activité humaine, enfin augmenter dans qui les possède déjà les facultés de divination. Elle donne parfois une déréalisation presque pure, sans distraction ou épiphénomène.

Mais *comment agit-elle ?* Si je réfléchis à ce que j'ai ressenti, elle supprime, me semble-t-il, d'une façon surprenante et pratiquement totale, la préparation à l'acte prochain, l'état de mobilisation où se trouve, où se met l'adulte en vue de la journée à remplir, des actes à accomplir, des choses à faire, des choses à éviter. Toute minute est grosse d'un programme du futur. Être vivant, c'est être *prêt*. Prêt à ce qui peut arriver, dans la jungle de la ville et de la journée. D'une prévoyance incessamment et subconsciemment ajustée. L'état normal, bien loin d'être un repos, est une *mise sous tension* en vue d'efforts à fournir (éventuellement ou prochainement). Mise sous tension si habituelle et inaperçue qu'on ne sait comment la faire baisser. L'état normal est un état de préparation, de disposition vers. De préorganisation.

Rares, très rares (si même ils existent) ceux qui en sont innocents. La psilocybine n'agirait pas sur eux, comme elle est sans action sur ceux qui prennent des tranquillisants et des neuroleptiques [1]. Elle agit aussi très sensiblement moins le matin que l'après-midi, moment où l'on conseille justement de la prendre. Le matin la mise sous tension étant moindre, à peine recommencée, sa cessation est moins sensationnelle.

On est mis au calme, à l'arrêt. Dévitalisation. J'avais devant moi (en visions) des hommes

1. Professeur Delay, p. 300, dans *Les Champignons hallucinogènes*, R. Heim.

étendus, des êtres dignes, importants, d'une certaine prestance, des êtres arrivés, achevés, plutôt qu'âgés, qui n'étaient plus dans l'avenir.

On se sent, d'autre part, dans un état où tout ce qu'on a fait (dont on est ou fier ou encore mentalement occupé), tout ce qu'on a ajouté au jeune homme incertain qu'on fut, est tenu pour non avenu, ne comptant pas, n'ayant plus de sens. Un simple mouvement interne l'a rendu nul, inepte. Toute la superstructure d'un homme qui croit et dont on croit qu'il a fait quelque chose dans sa vie est aussitôt réduite à zéro. Zéro par voie affective[1]. Elle n'existait que dans une perspective d'action, d'excitation, peut-être de continuation, de contention. Les rêveries également disparaissent : trop d'espoirs en elles, trop de divertissements.

La psilocybine supprime le sentiment aventureux, elle coupe de l'avenir, elle supprime la disposition féline à faire face aussitôt à tout ce qui peut venir à l'improviste. Elle élimine le chasseur en l'homme, l'ambitieux en l'homme, le chat en l'homme. Elle démobilise. Voilà encore comment, faute d'avenir, et d'avoir à faire au proche avenir (qui a ses relations avec le lointain

---

1. Un ami m'ayant téléphoné pour des renseignements sur mon œuvre (!) écrite, j'y répondis sans grande difficulté, mais raccroché l'appareil, la parenthèse disparut dans un non-sens, un non-goûté absolu.

avenir aussi), coupant la relation avec l'ambition, la relation qui consiste à être « tendu vers », on se trouverait revenir au passé. En plus, l'enfance n'a pas cette tendance à l'effort continu, à la vigilance en vue de buts invariables. On l'apprend. Petit à petit, on y est formé. Cela tombant d'un coup, on se retrouve au niveau de son enfance. La plupart, en effet, leur ambition et l'appel à compétition disparus, reviennent aussitôt à l'enfance à laquelle ils n'ont cessé de rêver, leur habitat, le seul état où ils furent vivants et qu'ils ont quitté malgré eux. Pour moi, pas de paradis en arrière. Donc frustré d'avenir, et ne me dirigeant pas vers le passé, j'attendais, mais d'une attente placide, régulière, et qui n'apportait rien. Conduite infertile.

Sous la psilocybine, on perd de la force musculaire [1] et surtout la conscience musculaire. Or, le muscle est lié à « bientôt », à conquête, à compétition, à vitalité, record, agressivité.

Même les petites variations (qui font l'impressionnabilité) [2], les petits changements de sensa-

1. Le muscle est un des ponts du présent à l'avenir. En cela la psilocybine est l'inverse de la cocaïne, stimulante des muscles, drogue qui donne une impulsion, un départ, tendue vers l'avenir au début de l'intoxication, (je ne connais que ce début) et des amphétamines, ouvrant aussi sur l'avenir, poussant à cette autre ouverture qu'est l'étude. Il faudrait les essayer conjointement pour savoir si ces drogues annulent, dévient (et pour conduire où ?) l'action des champignons.

2. Avec la psilocybine « l'asthénie est fréquente à type de passivité ou d'amollissement ; elle oblige le sujet à s'allonger. Elle s'accompagne souvent

tions, de communications avec notre propre corps, et avec les muscles dont nous sommes le tendeur ardent, ou simplement éveillé, disparaissent de façon spectaculaire, ne laissant qu'une impression d'existence, de souveraine, unique, immodifiée existence, d'existence dans un fond, un fond intouchable, invulnérable, échappant à tous et à tout, impression enfin d'*essence*, sans variété, sans attributs.

Beaucoup de ceux qui ont essayé le champignon « sacré » notent l'impression de l'inanité de tout le reste, et spécialement de toutes les variations devenues méprisables. L'état de fond repousse la variation, et la repousse souvent comme en quelque sorte [1] *sacrilège*. On devient

---

de bâillements ou de somnolence. Lorsqu'elle est très accentuée, le moindre effort physique devient très pénible. Le sujet refuse de se lever, d'écrire, de marcher. Cette asthénie persiste parfois le lendemain » (J. Delay, *La Presse médicale*, n° 47, du 10 octobre 1959, p. 1732).

Allers et Scheminski (*Pflugers Arch.*, p. 212, 1926, cités par J. H. Schultz) ont démontré à l'aide de techniques électro-myographiques que toute idée d'un mouvement était accompagnée de potentiels d'action dans les groupements musculaires correspondants.

En subsiste-t-il sous psilocybine ? Aucun, si on peut se fier à ses impressions. Et avec leur disparition apparente et probable (mais qui serait à vérifier) disparaît toute idée de mouvement et d'intervention, et bientôt toute idée d'efforts, de réussite, de zèle, d'avenir.

1. L'extase elle-même, on l'a vu dans la mescaline [*L'Infini turbulent* (Mercure de France) et *Paix dans les brisements* (Éd. Flinker, Paris)], s'appuie sur un phénomène périodique. Ondes égales, égalisantes. Il est entré dans une zone réservée, hors de laquelle est la pluralité, la diversité, le profane, le monde. Dans la zone réservée règne une absolument singulière et souvent majestueuse retenue. Il y ressent un dégoût de la multiplicité. Il éprouve la

très vite (sinon instantanément), orgueilleux de ce fond essentiel.

Un médecin, jusque-là modeste et coopératif comme on dit maintenant, et travaillant pour la science, se désintéresse en quelques minutes et complètement de toutes ses recherches, qui lui paraissent ineptes... comme elles le sont, hors d'une perspective de recherche de progrès, d'interventions, d'action. « Je me sens, dit un autre, complètement détaché du jugement d'autrui. Il m'importe peu de plaire à qui que ce soit. J'ai envie d'être seul. Les autres me sont devenus étrangers. Je ne suis plus de leur bord. »

Nombreux sont ceux qui ont parlé à peu près pareillement.

Le monde peut-être ne se présente varié, n'est senti comme varié, que si notre influx nerveux est incessamment varié, inégal, modulé. Les électro-encéphalogrammes de l'avenir, moins imparfaits, éclaireront sans doute cette relation.

D'autres, au Mexique, allant jusqu'au bout du

---

sensation du sacré. Il ressent aussi comme un rappel à l'ordre, un appel à revenir au souverainement important, ou encore à l'ordonnance, à une ordonnance rigide, impérative, despotique.

Une attitude en découlera, et très vite : il se détournera des autres. Autisme ? Pas précisément. Apartisme plus qu'autisme (comme d'ailleurs souvent le schizophrène) et pour les mêmes raisons. Ce n'est pas toujours tellement son moi opposé à celui des autres, qu'un état supérieur, qu'un état ineffable opposé à l'état commun des autres, perles qu'il ne faut pas donner à partager aux indignes.

détachement, trouvent l'extase. L'ont trouvée depuis longtemps. « Ils appelaient ces champignons teonanacatl, ce qui signifie « chair de Dieu » ou du diable qu'ils adoraient, et de cette façon, avec cette amère nourriture, ils recevaient leur Dieu cruel en communion[1]. »

Moins forte en spectacles que la mescaline ou que l'acide lysergique, la psilocybine est étonnante par les transformations intérieures. On assiste à cette curiosité d'un comprimé qui se change en exhortation[2]. On peut après cela songer sans divagation aux pilules à moraliser, peut-être aux pilules à mathématiques. Non certes par stimulation d'un centre cérébral, ni même d'une faculté de mathématiser, à cheval sur plusieurs fonctions, mais par modification du caractère. (Les mathématiques vont, le plus souvent, *avec* une attitude psychologique, voire névrotique[3].)

---

1. *Historia de las Indias de Nueva España,* de Motolinia, citée par Gordon Wasson, dans *Les Champignons hallucinogènes du Mexique,* du professeur Roger Heim.
2. Sans doute la cantharide se change bien en tentations, on le savait, mais par des chemins tout autres.
3. Jean Delay et G. Lemaire, *Psychologie des mathématiciens,* dans *L'Encéphale,* 2, 1959. Une disposition de caractère pousse certains à utiliser au maximum cette faculté (présente chez presque tout le monde), où ils satisfont, sans se faire remarquer, une tendance au refuge.

Tout ou presque tout est composé, composante, et donc recomposable. Chemins à trouver. Stimulations conjuguées de manière à créer un système de circulation des idées, des sentiments. Au lieu de psychologues qui établissent des tests, des psychologues chimistes qui établiront des parcours.

Le comportement individuel avec une drogue reste un point à « surprendre ». Une drogue, plutôt qu'une chose, c'est quelqu'un. Le problème est donc la cohabitation. Ou s'aimer (jouer ensemble, s'unir, ou aussi se renforcer, s'exalter) ou bien s'opposer (se combattre, se bouder, mettre l'autre en échec, se replier). Là aussi, les uns sont doués pour l'union, les autres pour leur préservation.

Questionné sur le champignon, un Indien du Mexique disait d'une phrase : « Il conduit là où est Dieu. »

Il acceptait l'entraînement, il retournait volontiers avec élan et soumission à l'adoration suivant la religion de ses pères.

Pour moi, la religion de mon adolescence n'étant plus dans mon horizon actuel, j'étais gêné (encore ce retour en arrière) comme d'une piété d'autrefois, d'un enseignement et d'une formation qui voulait s'accomplir enfin. Faisant le sourd, je contrecarrais ce mouvement et le mettais incessamment en échec. (Incessamment,

65

périodiquement. Les poussées sont toujours périodiques. D'une seconde? D'un dixième ou trentième de seconde? Je ne saurais dire.) Je sentais nettement les arrivées et les arrêts d'impulsions, surtout les arrivées.

Faisant le distrait à ces appels (il s'agissait d'un climat, sans jamais une situation concrète précise), je n'avais plus grand-chose à me mettre sous l'attention. Le plus grand prodige me paraissait d'être conduit par un champignon, et qu'un champignon [1] voulût ma bonne conduite et me voulût bien-pensant. Champignon contre l'indépendance. Contre la singularité. Je me sentais devenir quelconque. Comme je l'ai dit, ce n'était pas illusion. Je n'avais plus mon style. Mon style avait perdu ses « soudains ». Il faut savoir établir de bonnes relations avec une drogue nouvelle venue. Je ne suis pas assez liant. Rencontre assez ratée.

J'ai essayé de réfléchir pourquoi.

Il conviendrait aussi de porter la réflexion sur les moyens particulièrement infidèles qui rendent si mal une expérience de ce type, où tant de singularités se rencontrent et tellement à l'improviste et dont celui qui est dedans, mais fort embarrassé, est seul au courant. Les observations

---

1. Le *Psilocybe mexicanus* contient deux hallucinogènes, la psilocybine et la psilocine. La deuxième, moins active, m'est inconnue.

d'un témoin seront utiles, surtout s'il est capable de saisir ce que le sujet est mal placé pour saisir, comme sa voix qui à son insu devient pâteuse, les muscles de son visage qui s'affaissent, son pouls qui vient à changer et aussi la pupille de ses yeux, et bien d'autres moins pondérables éléments ou aspects de son comportement. La transcription de ses propos, leur enregistrement par un magnétophone (si cette traîtresse présence ajoutée aux autres ne devient pas une gêne excessive) rendront particulièrement service, la parole restant la voie de communication la plus ouverte. Le malheur veut en effet que, contrairement à ce qui se passe avec la mescaline, la difficulté d'écrire est ici considérable. Généralement on lâche le crayon. Les muscles se détendent. On n'a plus d'application de ce côté. Même lorsque plus tard le relâchement musculaire de la main s'atténue, le zèle pour écrire demeure très réduit. Il faudra se contenter de quelques notes par-ci par-là, précieuses tout de même..., et de parler. Or, à cause du langage parlé, plus directement social que le langage écrit, en relation immédiate avec les personnes présentes (avec qui plus ou moins consciemment on fait « groupe »), on subit la tentation de la facilité, du conventionnel. On va aux ponts commodes, aux réflexions les plus communicatives, à celles qui « n'arrêteront pas ». On évite — bons seulement pour l'écrit quoique particulièrement vrais — l'obscur (momentanément obscur), le « distingué » — quoiqu'il mérite de l'être, le strictement personnel qui risque de paraître trop personnel, le dialogue du « moi » profond au « moi » ordinaire, qui pourrait sembler une façon d'exclure les assistants, et bien des finesses (mais pour soi seul) et plus encore de ces choses gênantes à dire à voix haute mais qu'on eût toujours pu écrire et examiner plus tard avec fruit.

Lorsqu'au lendemain de son aventure extraordinaire, le sujet parcourt le protocole de l'expérience et qu'il lit les paroles sans doute soigneusement rapportées qu'il a prononcées, il y reconnaît à peine ce qui lui est arrivé. Il va devoir faire de sérieux efforts pour se replacer entre et derrière ces paroles qui ne disent pas grand-chose et qui voulaient dire tant de choses, qui n'étaient pas seulement désordre, signes de débâcle, mais recherche et finalité. L'étranger qui, lisant ces phrases incohérentes, inachevées, tôt interrompues, les reporterait purement et simplement à un état d'incohérence mentale correspondant, se tromperait presque du tout au tout. Un vaste mouvement de cohérence était par-dessous. Mots-repères, que ces mots que la victime de l'agression psilocybinique jeta. Mots-relais. Elle s'essayait à de nouveaux relais. Ces mots qu'elle attrapait de-ci de-là (à revoir plus tard), dits, non tellement parce qu'elle voyait clair, mais en attendant d'y voir clair et afin d'y aider, doivent être saisis comme les fils encore mal attachés de la toile d'araignée de la compréhension qu'elle élaborait, pour tenter de recouvrir la nouvelle et constamment changeante situation bouleversée, dont elle n'acceptait pas le bouleversement. Mots pour la « ressaisir », pour se « ressaisir », cependant qu'elle subissait un traitement, et quel traitement ! On oublie trop combien est peu naturelle une auto-observation à voix haute, non pas dans ce cas seulement. Commenter sur-le-champ et définir en mots une situation émouvante ou un état cénesthésique complexe, c'est se mettre en travers de ce qu'on ressent. C'est s'en éloigner.

Cependant, à plusieurs, à beaucoup de ceux qui furent mis en cet état singulier, il leur est arrivé d'abondamment parler, pris d'un entraînement tout nouveau à l'effusion. Ils n'ont pu se retenir, retenir ce qu'ils ne savaient même pas qu'ils retenaient auparavant, qu'ils ressassaient obscurément. C'est ce remâché alors qui vient au-dehors à quoi ils vont s'abandonner. Le reste si important du complexe phénomène en eux, ils renoncent à le suivre, glissant sur la pente forte, celle des confidences (jusque-là bloquées). A cette heure, les paroles généralement cessent d'être embarrassées et sans liaison. Elles coulent de source. Ils ont choisi la facilité. Ils profitent de la psilocybine, mais ce n'est pas d'eux qu'on apprendra ce qu'est la psilocybine. Ainsi, de plusieurs façons la parole trompe. Et tout autant trompera le silence. Silence qui ne veut pas nécessairement dire indigence. Silence aussi par excès, par l'excès de tout ce qu'on voit et sent présentement, qu'on ne pourrait pas traduire. Autisme par honnêteté. On retrouve l'effet pavlovien des impressions contradictoires, qui conduisent à l'inhibition, une réponse aux stimuli excessivement nombreux devenant impossible. Le sujet s'arrête. Il ne veut plus avoir affaire aux autres en raison de l'impossible communication entre le monde sien et le monde des autres. Isolement. Un état schizoïde s'installerait même, s'il n'y avait cet aplanissement extraordinaire annulant les révoltes, qui semble malgré lui vouloir son bien, s'il n'y avait cette surprenante impression *sui generis* de la psilocybine qui semble annoncer ses vertus thérapeutiques.

III

LA MESCALINE ET LA MUSIQUE

Ça part trop vite
Ne plus en prendre

Envolées
Phrases sans les mots [1], sans les sons, sans le sens

Fatigant
Mystérieux

Dehors il se met à pleuvoir
De la pluie tombe
Comment n'en être pas ébranlé ?
Comment faisais-je autrefois pour n'en être pas
    ébranlé ?
Comment font les autres ?

---

1. Qu'est-ce qui resterait alors ? Les montées et les descentes de la voix (sans voix) ou de l'expression (mais sans expression) comme quand on passe de l'aigu au grave, de l'affirmatif à l'interrogatif, etc. Phrases abstraites de tout, sauf de cela.

Tressaillements
Bourgeonnements
Bourgeonnements sans achèvements
Enfants instables, comme à présent je vous
    comprends !
Effrénée vivacité dans l'intime du minime

Au loin un chien aboie
un aboiement parfait
un modèle d'aboiement
un aboiement entre deux règnes de silence.
Mescaline qui de tout sait faire de la majesté !

Au loin
tout à fait au loin, une latte de fer, frappée,
    résonne
touchée peut-être par un enfant distrait
qui, rêveur, remarque à peine qu'il fait un bruit
bruit souligné pour moi seul
extraordinaire
unique
qui s'engage dans les profondeurs
introduisant saveur
développant saveur
enfilant saveur
au-delà
au-delà
au-delà.
Je tiens sur l'autel

ce son ineffable et saint
prodigieusement capable
prodigieusement important
inestimable et sacré.

Plus de projets
Cercle magique au-delà des projets.
Des mots passent dans la serre chaude de ma tête
« Amortissement », « Amortissement ».

Entre tous « amortissement » domine
ayant quelque chose du miracle
mot-charnière, tour dominante, mur d'enceinte,
    privilège secret
belvédère contrôlant toute la situation
mot pour mon salut, qu'un Maître inconnu me
    désigne.
Significativement aussi
« avertissement » vient
« avertissement » se lève parmi ses frères
« avertissement » paraît, disparaît, reparaît
avertissement qui n'arrive pas à m'avertir. [1]
. . . .

1. Comment l'ai-je observé sans le comprendre ? Parce que si souverain. Il
circulait comme un monarque. Je restais fasciné par sa façon de croiser dans
les eaux de mon esprit. Dans la drogue souvent cela arrive. Elle prévient,
mais d'un mot qui ne met pas dans la perspective mentale voulue, que l'on ne
situera et ne comprendra que plus tard (trop tard). Pareillement une
prédiction quoique connue demeure inutile, l'événement seul montrant, et
clair alors comme le jour, le mot dans son contexte jusque-là invisible et le
drame.

« Avertissement » encore
vain avertissement
puis tout s'est « songé » en autre chose.

Profond
transmutateur
quelque chose vient de passer
sous moi
sur moi
abstrait
qui passe
qui repasse !
Comme si soudain j'avais reçu des coups secrets
Où ?
Comment ?
· · · · · · · · · ·
· · · · · · · · · ·
· · · · · · · · · ·
· · · · · · · · · ·
· · · · · · · · · ·
Ah, je vois. Attention !
Il me faut au plus vite être distrait.
Essayons de la musique. N'importe laquelle.
Essayons d'en écouter.
Horreur !
Je glisse
Tout glisse
Il n'y a plus que ce qui glisse
Rien n'arrête plus, et cela continue et glisse

autour de moi glisse, et en moi glisse
il faudrait

il faudrait...
. . . .
Musique qui me laisse suspendu
ses lacets
ses lacets
qui me tient dans ses lacets.

Amolli le monde
amolli
tout entier devenu flots
et qui coule

Que s'est-il donc passé? Il s'est passé une
triple agression. La première venant quelque
temps après l'apparition des deux mots-signaux,
j'eus quelque peine à la comprendre et ce fut,
seulement recouché, que je vis ce qui avait pu
déclencher mon bizarre abattement. Pieds nus
sur le carreau, j'étais allé dans la salle de bains,
prendre un flacon d'eau de Cologne. Subitement
j'eus froid. Faute de mieux, je m'enveloppai les
pieds de serviettes sèches. Mais l'agression du
froid n'avait pas été repoussée, l'impression de
froid, perdant tout rapport avec l'incident, deve-

77

nait « le froid », l'imparable froid, le froid essentiel et, par définition, qui exclut catégoriquement la chaleur, froid par continuation, par règne, en vertu de son pouvoir verbal intrinsèque... Froid abstrait de son point de départ.

Cependant, je le sentais, il restait en moi un autre abattement, tapi sous le premier et tout aussi abstrait. Sur le divan, j'essayais de réfléchir. Tout à l'heure, entrant dans la salle d'eau, en ces moments vulnérables, j'avais été frappé (mot étonnant. Que de mots semblent avoir été inventés par des névrosés !) par l'affreuse chaise qui s'y trouve. Elle m'avait donné un coup, des coups, et chaque fois que je la regardais, de nouveaux coups. Je me souviens maintenant que je l'avais assez étrangement considérée, insuffisamment vêtue comme elle est de sa peinture ancienne autrefois blanche, maintenant écaillée, lépreuse, décolorée, pauvre vieille chaise, et ses si pauvres pieds mal en point (mais oui, les pieds aussi comme moi) et ç'avait été la deuxième agression, agression de laideur qui se lia à la première, toutes deux bientôt n'en faisant qu'une, qui de ses coups nombreux me frappait, moi aveugle, et continuait à frapper sourdement, mais profondément, peut-être composant à mon insu, avec « froid » faisant « refroidissement », avec « laid » faisant « enlaidissement », avec « vieux » faisant « vieillissement », avec

« lépreux » faisant « quantité de maladies » et d'indispositions et de malaises et faisant misère, faisant ruine, faisant Dieu sait quoi, car la drogue c'est le chemin qui ne s'arrête pas, qui va, qui va, avec ses dégâts proliférants, incessamment mettant des jeunes au monde. J'avais quelque peine à redresser la barre. Me croyant malin je mis la radio, mais très en sourdine. C'est alors que je glissai, que ça glissa, que tout glissa. Troisième agression en cette mémorable journée ! Je coupai presque aussitôt, mais la musique coupée continua.

Désolidifié, devenu flou, le monde d'avant m'était soustrait. La musique annulée, son enchantement n'avait pas été annulé. La musique — je le comprenais à présent — est une opération pour se soustraire aux lois de ce monde, à ses duretés, à son inflexibilité, à ses aspérités, à sa solide inhumaine matérialité. Opération réussie ! Ah ! oui, au-delà de toute réussite, au-delà de ce qu'aucun compositeur avait jamais réussi. Il n'y avait plus de monde, il n'y avait plus qu'un liquide, le liquide de l'enchantement. Cette réponse que fait au monde le musicien, je n'entendais plus que cette réponse, réponse par le fluide, par l'aérien, par le sensible. J'étais dedans, englouti.

Je m'en souviendrai de la suavité ! Sournoise déliquescence. Sur le moment, je n'avais pas vu tout ce que ça entraînait mais seulement qu'il fallait à tout prix rompre l'enchantement. Une douche (un peu hâtive), puis des coups que je me donnai (peut-être pas très forts, car je demeurais extrêmement abattu) n'ayant rien changé, je me mis à téléphoner, avide de joindre des hommes qui n'étaient pas dans l'enchantement et qui pourraient donc m'aider, sans même le savoir, par leur admirable inconsciente raideur. Les amis d'abord. Aucun ne se trouva là. De moindres amis alors. Aucun non plus. C'était l'époque des vacances. Paris désert... D'autres enfin dont je ne savais même pas si nous étions toujours « bien » ensemble ou même si on l'avait jamais été. N'importe, c'était leur ossature que je voulais et pas leur sympathie, leur raideur, leur mécontentement même. Mais personne. Personne pour me tirer à la réalité. Nageur entre deux eaux, dans un courant m'éloignant de toute rive, j'essayais cependant de comprendre mieux quel coup de pied avait pu si bien m'envoyer loin du bord. J'aurais dû téléphoner au hasard, à des numéros quelconques. L'idée ne m'en vint pas. Devenu eau, l'effort m'était contre nature. Enfin, une employée dans un bureau promet d'appeler un ami. Dans des courants, n'espérant plus l'intervention de qui me désenchanterait, je dus souvent perdre le contact. A chaque reprise de conscience, le miel était là, toujours à m'enrober. Des insectes avaient été enrobés ainsi, que plus tard on avait retrouvés dans l'ambre de la Baltique, tout prêts, semblait-il, à achever un mouvement interrompu, arrêté depuis 130 millions d'années. Enfin, R.B. m'appelle. J'avais en cela au moins vu juste : l'enchantement subit aussi un amoindrissement. Je tâchais sans doute de me rendre plus semblable à lui, non enchanté. Il me donnait tranquillement un modèle de non-enchantement, un modèle de résistance (dont il ne se doutait pas. Ces athlètes mentaux que sont les hommes normaux, ils ne se doutent de rien, se croient fatigués, sans forces !), mais la reprise en main ne dura pas longtemps. Le téléphone raccroché, l'enchantement regagna à toute vitesse. Je repartais dans mon château d'air, dans l'espace. Combien de fois ainsi jusqu'au soir m'a-t-il obligeamment rappelé pour prendre de mes nouvelles avec de bonnes paroles encourageantes, je ne sais. Ce furent quelques parenthèses bienvenues. Mais très courtes. L'engloutissement revenait aussitôt après.

. . . .

Le soir, la pluie se mit à tomber. Vienne le déluge ! aspirais-je. Vienne le déluge qui inonde tout ! J'ai une âme, maintenant, pour ce déluge, merveilleusement accordée et plus que Noé, une âme tout autrement accordée au déluge.

Ah! ce qu'on est dupe, dupe à perte de vue. Mescaline utile au moins à faire voir cela.

C'est seulement le lendemain midi, auprès du peintre M. et de sa femme, que je sens la réalité revenir, mes renaissants crampons sur elle, mes ou ses résistances revenues. *Brut, brutaux, brutalités*, vous reveniez. Objets, vous qui vous opposez, vous qui résistez, qui ne voulez pas du musical, butés, durs, immobiles, matériels, résistants à nous, nous aussi matériels — objets, je vous retrouvais. Je retrouvais notre heureuse opposition. Matérialité était revenue comme un cadeau de Noël.

A celui qui a pris de la mescaline, en dose suffisante, toute évocation musicale est généralement impossible. Les musiciens eux-mêmes n'arrivent qu'à imaginer des visions d'orchestre, d'instruments ou de partitions, au lieu des sons qu'ils veulent en vain entendre. Certes, en diminuant beaucoup la dose, l'impossible devient possible. Ce pourrait même être une voie d'approche. Expériences à faire. Existe-t-il des exceptions où l'on entende la musique seule, ou au

moins d'une façon dominante? A en juger
d'après les pages que transcrit Lewin [1], le cas de
Beringer n'est pas concluant. Le Dr B. faisait de
la musique dans la pièce d'à côté, entretenant de
la sorte du sonore, du musical. « Elle ne s'harmo-
nisait pas avec mes images, dit Beringer, et me
gênait », mais la singularité du son qu'on entend
alors comme « en suspension » a pu lui donner
l'impression d'entendre ce qu'il a appelé et ce qui
lui a paru être « la musique des sphères ». Il
devait se soustraire à tout le reste de cette
musique sans doute complexe, qu'il ne suivait
pas et ne tenait pas à suivre. Les rythmes, de
toute évidence (comme il appert de sa parlante
description) étaient l'essentiel, le rythme cosmi-
que. Dans la mescaline, les rythmes, en effet, sont
très fréquemment éprouvés. Il est même éton-
nant qu'ils se tiennent si indépendants de la
musique, qu'ils ne l'accrochent jamais, ou pres-
que jamais, ou mal. Il m'était à moi-même arrivé
quelque chose de fort hybride et j'attendais pour
en parler une aventure plus probante, qui ne s'est
jamais trouvée. J'en dirai donc quelques mots ici.
C'était en 1956, au cours d'une sorte de transe
« érotique » [2]. Le principal de ce qui m'était
arrivé en ce jour, c'était des visions orgiaques et

---

1. Louis Lewin : *Les Paradis artificiels*, p. 131, Paris, Payot.
2. *L'Infini turbulent*, chap. V.

fantastiques et des rythmes de même. Subitement, des chants sortirent, oui, sortirent. Car autant que je les entendais, je les sentais sortir, devant sortir, pressés de sortir, mouvements phonateurs, incoercibles, qui sans doute venaient des choristes dont j'entendais les voix, mais avaient aussi leur origine dans ma gorge, possédée d'une sorte d'envie vocale qui me rendait coparticipant et actif.

Ce que c'était ? Des passages des *Trois Petites Liturgies de la présence divine* d'Olivier Messiaen. Mais dans quel état ! Passages, coupes plutôt, et des coupes qui eussent été faites par un homme au comble de l'énervement qui ne peut pas supporter des sons plus de quinze secondes de suite, mais qui y reviendra souvent, toujours aussi exaspéré, toujours avec le même élan insensé. Les fragments en étaient si précipités qu'on s'attendait à les entendre hoquetés, mais non, le bourgeonnement bouffon s'accrochait, sans une faute, malgré l'invraisemblable vitesse, malgré les déclenchements de notes semblables à des évacuations précipitées, semblables à des rafales. Débordante et l'instant d'après arrêtée, la musique de plus en plus allait, contrefaite, déni de musique, déni de mystique. Jamais je n'aurais cru une musique capable de devenir aussi dévergondée, entremetteuse, libertine, folle, impie, ignoble, subversive. Il y avait aussi par moments, des échappées, des gamineries, des notes haut perchées, des jumelages ineptes, des frottages musicaux jamais entendus, des *abbellimenti* outranciers, un divisionnisme fou, des voies couplées étrangement avec des aboiements ou des hurlements de la jungle. Peu d'inventions somme toute dans les structures, mais pour le parodique tout est bon. Tout va au but.

Les morceaux, coupés de l'œuvre, commençaient à être eux-mêmes traversés de plus en plus par d'autres musiques, les unes très syncopées, d'autres non, ramassées dans de vieux souvenirs soudain réveillés, coupes étranges, coupes sur coupes. L' « ubiquité par l'amour » particulièrement avait déclenché le système des coupes s'alliant si bien à la mescaline, à son côté mécanique. Des morceaux de bravoure, du genre des grands airs de *La Tosca,* fusaient éclatants et ineptes, tessons de musiques abhorrées que j'avais dû entendre autrefois avec nausée et honte joués dans la rue par quelque orgue de Barbarie, dérision, encanaillement du sentiment musical cocasse et rococo, mais les psalmodies restaient la pièce de résistance (quelle résistance !) qui luttait contre le pot pourri démoniaque, qui voulait l'entraîner et périodiquement lui fauchait ses effets. Un rire énorme, que je ne pouvais trouver, m'eût peut-être libéré. Mais la profanation couvrait tout. La musique d'ailleurs, elle était là et puis n'était plus et sans que cela fît grande différence. Voilà qui était singulier. Souvent je me surprenais à la suivre sans l'entendre, croyant encore l'entendre quand je m'apercevais qu'elle passait « à vide », c'est-à-dire sans les sons. Mais ma transe inchangée continuait sans elle, et c'est à ses reprises, à ces sons qui soudain retentissants m'attaquaient que je la remarquais à nouveau. Des dizaines de secondes, peut-être plus, s'étaient écoulées, musique débarquée, avant qu'elle ne se retrouvât, rembarquant à grand bruit. Le côté vocal restait le principal, que l'instrumental ne faisait que suivre. (Surprenant, je n'aime que les instruments et autant dire jamais les voix. Mais ce qu'on déteste est plus fort, plus fixé en soi souvent que ce qu'on a aimé, qui ne vous a pas gêné.) Soumise à de mauvais traitements, pervertie, ridiculisée et ridiculisante, cette musique lèse-musique avait des élans que n'a pas le plus grand lyrisme. Même tronçonnée, même vilipendée, même parcourue de débâcles, elle n'avait rien d'effondré. Une jouissance ignoble était son centre, sa nature, son secret, jouissance omniprésente, spasmodique, insoutenable. A l'entendre, à la suivre, on était soumis à des tiraillements, à des laciniations, à des expansions décomposées, à des culbutes et à des arrachements. Toute tutelle, toute protection, toute bienséance musicale rejetée, on était sur un lit non physique parcouru de jouissances en râteau. Carnaval subversif, éjaculations de joie, fait de jouissances comme des écroulements, comme des défenestrations, affolante exaspération, que rien, rien jamais ne pourrait apaiser. Dans une folie d'affranchissement, pendant que des mélodies dévalaient, d'autres étaient interceptées, saisies et comme bourriquées, puis rejetées brutalement. Ritournelles démentes, aux rapiéçages à la seconde, chants à multiples parties, chacune s'ouvrant en patte d'oie, faisant à la diable des déchirures dans le tissu sonore à rendre malade.

Les cataractes immenses d'un très grand fleuve, qui se serait trouvé être aussi l'énorme corps jouisseur d'une géante étendue aux mille fissures amoureuses, appelant et donnant amour, c'eût été quelque chose de pareil.

Mais c'était la musique, plus insatiable que n'importe quel monstre, la musique possédée du démon mescalinien, livrée à ses dévastations, à ses retournements et m'y livrant.

IV

CANNABIS INDICA

INTRODUCTION

Je ne donne pas ici une étude générale sur ses
effets, sur les visions fantasmagoriques qu'il
prodigue. Les pages suivantes ne constituent pas
non plus le complément de mes premières obser-
vations[1]. J'ai voulu le rencontrer à d'autres
niveaux[2].

Trois opérations majeures : espionner le chan-
vre. Avec le chanvre espionner l'esprit. Avec le
chanvre s'espionner soi-même.

Espion de premier ordre, le chanvre. Appren-
dre à l'utiliser et la patiente expérience des
bouleversements du mental.

Certes, il est intraduisible. Tout est intraduisi-
ble. Lui, particulièrement : sa désinvolture, son

---

1. *Misérable miracle*, p. 59.
2. Comparé aux autres hallucinogènes, le haschich est faible, dépourvu de
la toute grande envergure, mais maniable, commode, répétable, sans danger
immédiat. Or, je tenais avant tout à bien suivre, à saisir dans le détail. Toute
direction de recherche faisant le sacrifice des autres directions, les fameuses
« fantasias » pourtant typiques et dont il existe depuis longtemps de célèbres
descriptions, sont omises ici.

manque de poids, son manque d'âme, son imper-
tinence, ses jeux iconoclastes et libertins, ses
rébus. J'ai été à la chasse. Beaucoup sans doute
m'a échappé.

On trouvera ci-après, en exemple, en très
insuffisant exemple, quelques séquences, et plus
loin quelques tentatives d'explication de
séquences, et enfin diverses relations, vaille que
vaille, sous la forme grossière de récits.

Dans les séquences, pour chaque petit groupe
de trois ou quatre mots écrits, il y en avait
alentour une centaine d'autres qui n'ont pu être
écrits (faute de vitesse adéquate dans l'écriture
ou dans l'énonciation, sans compter ceux qui
échappent) et mille autres n'eussent pas suffi
pour dévoiler ce qu'il y avait *derrière ces mots*, et
qu'en soudaines éclaircies, grâce à un dédouble-
ment miraculeux, on voyait fuser, s'étendre et
proliférer, se développer, se prolonger, s'expli-
quer en commentaires et en commentaires de
commentaires. Un phénomène assez spécial s'y
rencontre que j'appellerais bien la pensée néoté-
nique. Avant qu'une pensée ne soit accomplie,
venue à maturité, elle accouche d'une nouvelle,
et celle-ci à peine née, incomplètement formée,
en met au monde une autre, une nichée d'autres
qui semblablement se répondent en renvois inat-
tendus et irrattrapables et que jusqu'à présent je
n'ai pas réussi à rendre.

1

TAPIS ROULANT EN MARCHE...

A

Je vais de l'avant, vite
Des pelles volent
puis des cris
je me dégage
l'instant d'après, Naples.

Cette pensée merveilleuse
mais quelle était donc cette pensée ?

Soudain, précipice.
En bouillonnant
une eau torrentielle cascade dans le fond d'un
    cañon
vive, vive, vivacissime.

Tenant fortement un grand anneau métallique
je serre, je serre

Je... pensée, voyons, c'était avant
mais quelle était donc cette pensée ?

« Paolo ! Paolo ! »
crié d'une voix bordée de rouge

Oublis
oublis à grande vitesse

Par terre, des fagots préparés
quel tas!
Mais qu'est-ce qui arrive?
Plus de fagots
seulement reste la « fagocité »
Inouï!

Allegro vivace!
Prestes
prestissimes
pensées sous moi

Tiens, je connais ce chemin-ci
un chemin si particulier
et pourtant...

Suis soulevé
élévation
élévation extrême
élévation folle

Tennis des synonymes
Je vois, j'amasse des ressemblances
je vois, je rouvre des différences

Formidable !
Quels échanges !

Ces mots, voyons, lesquels étaient-ce
prononcés d'une voix si pincée ?
. . . .
. . . .
. . . .
. . . .
. . . .
. . . .
. . . .
Vision : un corset,
sur une poitrine, étroitement lacé, un corset.
Immobile rébus.

Un pipe-line à gueule de fauve s'élance vers moi
    (connu !)
Alors d'un corps d'homme part un long, long
    geste d'exaspération.

Merveilleux ! Seul dans mon lit
j'entends à mes côtés la respiration de l'étrangère
La photographie respire !

Prairies
nodosités...
départs soudains
des brisants

des brisants
brisant sur moi.

Oh! ce visage, si présent, si près
j'aurais pu le caresser.
Inoubliable!

A.................
on assiste réellement aux pensées.

Arrêt dans la course
c'est un dôme que d'écrire.

Penser, quelle beauté!
Pensées, partage des eaux
Admirable!

Encore frisson qui interrompt
qui rompt
on tire des rideaux dans ma figure

Quand se multiplient les multiplications
mais... n'aurais-je pas un clou dans l'estomac?
avalé quand?

Dans le chantier à ma droite, quelle animation!
fébrile, pétillant, ébouriffé de travail...

Cétacé, cétodonte
quelques filets d'or dans l'ébène

96

Elle! Elle-même!
rebelle
et si naturelle
je reconnais ses traits dans les mousses et les
  ombres

sa grâce tellement à elle
balançant la terre,
balançant le ciel
... ...

L'instant d'après à l'usine
barbu, rugueux, associé.

Etendue!
Etendue!
Je nage vers l'estuaire
L'instant d'après sur les échelons de fer de
  l'échelle de secours
j'y grimpe lestement
Quelle jeunesse! N'aurais pas cru.
Si rapide, si rapide,
je juge le temps aux poteaux de mon pouls

Condensations bleues qui indiquent la voie

comme des taches bleues
comme une cécité bleue

Nappe à l'écart
cette eau morte : ma sueur

olfactif
adjectif

Qu'est-ce encore ?
Au corps nu, tandis que le cou pivote
un sein manque.
Une piqûre
l'a changé en firmament

je le sais
je le sais en toute certitude

Retour.
Un vert si affectueux.

La main qui faisait signe
découvre un index rongé jusqu'à la paume.

Impressions à franchir
je feuilletais Ceylan peut-être

Gagnant maintenant un immense vaisseau...
Le lest jeté m'aide
... ...

Halte
autre

Les corps effondrés demandent malgré tout à
assister

Sur un grand œil clair
j'observais des pensées conventionnelles
cannelle et limpidité

Nouvellement
finalement
un grand œil entre nous
au bord d'un « au revoir »

Prairie en vue
« Vite, vite,
suivez le rythme ! »

Je ressens tout à coup à l'épaule le recul d'une
arme à feu

Je me retire
les astres m'attendent

Vives reprises
glissant
salissant
fourmillant

tumultueux
gargouillant
faisant des failles
faisant bris et brosses
déclenchement de jets...

Des pas confus cherchent la sortie

Des têtes s'accouplent
Éruptions.

L'instant d'après, la mer.
La fraîcheur de l'eau proche m'arrive au visage

Fini. J'ai un fils.
Je vais tout lui montrer.

L'instant d'après je traverse un quartier animé
Entre de petits palais j'avance
sans tourner la tête
dans quelque bourg du Penjab, peut-être?
Mais depuis quand ce voyage?

Dans la pièce neutre
tout s'arrête

Quelques spirales
et la main notable

Immédiate, complète, une baleine.
Jaillissement. Les jaillissements l'ont provoquée
partout jaillissement
carrefours de jaillissements
geysérisation.

Des voix autour de moi s'expriment vivement
   avec rudesse.
Actif, je ponctionne. C'est mon job,
ouvrier parmi des ouvriers.

Dures les voix. Dures. Trop.
Insoutenables
Le normal, c'est tenir à distance
Miséricordieux, l'éloignement.

Je marche

Fugitif
fugitif l'os sur la nappe
le drap mouillé autour du corps
fuyant...

Que signifie?...
Femmes en verre soufflé
on me les montre.
Raillerie?

Comment viennent les mots?
Comprendre est aussi une sensation
perdue
perdue

manque le coup de pouce

Un homme rigide devant moi calcule
Sans qu'il me voie, je passe dans « son » froid.

Des gens
tout un groupe
j'ai ma volonté dans *leur* tête. Pas longtemps.
Ont maintenant *leur* volonté dans *ma* tête.
Mauvais.
Mon avenir devra passer par eux. Perroquet
    d'inconnus.

Loin
loin
ces mots qui n'arrivent pas

ma main au bout d'une longue, longue route
    écrit.

Incidentes
incidentes
cependant poursuivre.

Picotements

Des paquets de non-sense
sur moi, sans cesse

sans cesse harassé,
incapable et excessivement capable

Dans l'espace
soudain débordant
donnant libre cours à des flots de tendresse

J'étais sur la voie
la vraie

adieu, les hommes

Revenu soudain au rugueux, au tactile, à la
    cicatrice
face à des broussins
arbres à vieux genoux

Ombres insensées
C'est vraiment le cœur, le responsable.

Néanderthal que rien ne caresse
coriace humain
traversant les siècles, sa peau toujours fraîche

Il faut que je téléphone
qu'au monde je téléphone,
le ciel appelle
le ciel
... ...

      B

La voûte des bruits se soulève
... la gueule qui avala Jonas
s'ouvre et se referme
en mesure
suivant mes réflexions

Ombres insensées
augmentations des causes

Oscillations d'existence
De grands vides
de grands intervalles
bâillent
bâillent

Les autres m'atténuent
Tout ce qui est l'autre !

J'ai honte à voix haute
loin de ma tête
loin de ma tête

104

Idiot, ces mots qui ne se trouvent plus !
Direction perdue

mouches dans le sens

Au lieu de l'étendue des plaines
je vois l'étendue des visages
Merveilleuse ! Qui n'en finit pas.

Ma main m'éteint

Circulation touribotte
touribotte le prodige

Je ne peux écrire ce « sans cesse »
sans cesse — —
                      — —

                          — —

                              — —
                                  — —
                              — —
                          — —

L'impression, la main, le moins

Interceptions
interceptions

L'écho
l'écho
qui joue
à répéter plus fort
plus fort
plus fort
plus fort

Plus fort
PLUS FORT

j'ai mal au tympan de l'esprit

Blague qui pousse vers Drame
vers meurtre
Blague agent provocateur
Ma tête frottée fort comme entre deux linges
    serrés

Les traînes de l'idée,
et ce qui pèle...
et tout ce qui défile ici
auto-route
auto-route
à quoi bon
éparpillé, swept away...

Il me passe des brassées de... et de...
Il me passe des passages de vents en plein champ

106

Vicieux, qui que ce soit qui me dirige

chasse-pensée

brosses qui brossent en moi
abstra-brosses
maelstrom-brosses

le papier lui-même au bord des grimaces

saugrenu
des tapes sur les raccords

chahut de clartés.

Pensées tac à tac

Problèmes express. Des centaines...
aperçus, résolus, oubliés.
Fou !

Transparent à moi, le monde,
pur... décodé...

Ah ! ces écarts ! ces écartements !

Résoudre, c'est après.
Open-door

pensées open-door
sans cesse

Il faudrait lier le vent

Farfouillant
Des envahisse-mots
des endo-polyformations

Le fléau en moi circule comme des fleuves

folle fouille en tous sens
Moi colloïdal.

Parasols et melons
des ballons en mon être s'élèvent

distance, toujours distance
ma troisième vitesse de distanciation

arc d'altitude

mon sept centième néant peut-être depuis ce
   matin

folie à bras ouverts.
On me jette la tête contre des haies

Je ne vois plus opaque
Traversièrement je pénètre
... ...

Soudain les liens (de la pensée) devenus cordages
font un bruit pénible dans une poulie...
Inouï! Inouïe transformation.
Passages à troubles
S S S S

Brume à toute vitesse
autopsychophagie
averses
averses à toute vitesse

Pourrais-je jamais rentrer dans le club des
« autres » ?

Commentaires sans fin des pertes
en vol
en vol balancé
pluriels qui n'en finissent plus

Tohu-touché au but
et tout recommence
tout re comme

tesses et iesses

égaillés les espaliers
flûte
vent de mes dépouilles

oh ! conduite qui arrache les conduites

Hyperpompe : le recel du sens

Je vois le fait appelé « distance »
Je le vois, abstrait, traverser l'atmosphère
traverser les mondes
traverser
détacher...

Minuscules ! minuscules
Ah ces rires !

Le temps en tous sens...
bourrasque elliptique

obnubile les encéphalopodes en ob

Lecture respire sous l'eau
pensée en cheveux écheveaux
mots qui mettent au monde
Éclatant ! Éclatant !
des millions de nains rongent l'orange

vers le lieu de fuite
vite
vite

se déroule
déroule
déroulent

Calme
réarrivera jamais ?
. . . .
. . . .

Je vois venir une annélide
énorme
immense

temps semblable à une interminable annélide.

        C

. . . .
. . . .
Chasse
la chasse reprend
à la chasse

Impatience, agacement du spirituel

Esprit à pulsations
esprit lanceur de balles

Crescendos
crescendos

Écarts agrandis en ravins

Il fait grand clair
clair pour me priver

Quelle tempête, la lumière !

Tout ce dont vous me scalpez...

Je vois l'arbre à la langue rouge
Des saisons passent en quelques minutes :
béatitudes
Le soir touche mes matins

Oui, il est des images nocives,
images à faire tomber
Tout ce qui traîne dans l'esprit
qui revient fugitif refaire le saut

Je ne peux plus lire préhensivement

Le taux de vie a changé
Ah, le sort d'un mot...

Des lacunes se répandent,
se répondent
rues de lacunes

A quelques pas de moi un éventail s'ouvre
un, mille
Que d'éventements !

Le Sioux que j'observais sur le papier
sort de la page
tenant une poterie à la main

Temple
temple à l'appel de ton nom
temple

Jamais douteux. Jamais rien de douteux !
Sensations sauteuses

Occupé en moi, haschich dans mes étages polis-
    sonne

à cache-cache, mes pensées, lui et moi
les secrets faisant signe

113

montrés, cachés
montrés-rentrés

Asie revient.

Un masque
que je n'ose regarder en face
menace qui me fait masque

S'éloigner
vite s'éloigner

Ah ! tous ces renvoyeurs de sens

Pensées à la diable au bord de la route
inutiles
à la volée.
intarissablement justes

rapt
rapt
grégaire devenu par courants porteurs

effilés les interlocuteurs
effilés

enjambements
décrochements

114

d'étranges consistances
d'étranges nouvelles inconsistances
Secouez l'Ilot.

le thème-témoin flageole
bourrasque toujours

saugrenu

braqués les projecteurs !

sans suite
sans suite

Tronc creux
dedans une route
roule
c'est être témoin que de penser,
se tenir ininterrompu
devenu un trouve-creux

images, c'est mettre un écran
mettre fermeté

La raie, sa peau, quelle rudesse !

les chasses-prises encore

interceptions augmentent
brumes à toute vitesse

Hennir, exploit d'un autre...
homme ici
plus que jamais

me remettre en course
il faut
il faut

Bosquets d'instants

Torrentiel irrespect
Métreur et volage...

Mots sans dépôt.
Mots étonnants qui changent étonnamment,
préoccupés.

Des mondes de vide entre les mots

Les trottoirs essaiment
quelle ville que l'esprit !

Avec des mots à syllabes manquantes
la tête prophétise sous la potence

Quelqu'un à ma gauche bouge et grimace,
Ravinements dans mes couvertures. Hideux !

Lacets innombrables

Lecture, quelle peine !
Relire, paysage de pluie !

La drogue donne des instructions à l'intelligence,
devrait pouvoir guérir de la sottise.

Mots encore,
changés, frappant dur
de plus en plus leur retentissement
de plus en plus leur percussion
de plus en plus s'inversent, se faussent
opération qui semble se foutre de vos opérations
   mentales

SYSTÈME DOUÉ D'UN POUVOIR AUTONOME
DE RIDICULISATION DU SYSTÈME

Effarante progression
empoignant toute sonorité
laissant le sens
fonçant vers plus de retentissement
vers plus de
plus de
plus
Plus
PLUS

2

DERRIÈRE LES MOTS

Première séquence :

> *Je vais de l'avant, vite*
> *Des pelles volent*
> *puis des cris*
> *je me dégage*
> *l'instant d'après, Naples.*

En même temps que le chanvre augmente l'intensité de l'évocation, il en augmente la vitesse d'apparition et de disparition. Tout au long de ces pages j'aurais pu répéter *l'instant d'après*. Chaque instant, en effet, ou petit peloton de micro-instants, exceptionnellement indépendant, apparaît net, sans coulée, sans liaison ni avec le précédent ni avec le suivant. A l'état brut absolument. La ligne en coq-à-l'âne sera donc sa ligne, sera son style, qui est l'absence de stylisation, d'accommodation. Aucun ne s'incline sur ses voisins. Séries qui s'arrêtent par chute, par annulation pure et simple. Surtout des hiatus, sauf dans la phase de paix, de béatitude.

Deuxième séquence :

Soudain précipice. En bouillonnant une eau torrentielle cascade au fond d'un cañon.

Soudain donc je me trouve au bord d'un précipice, au fond duquel un torrent circule en bouillonnant. Plus encore que du lieu que rien n'amenait, je suis stupéfait du détail, de tous ces détails, du paysage alpestre, avec la vie et l'animation qu'il aurait dans la nature et sans que j'aie eu à m'exciter, à m'enthousiasmer, sans en avoir eu le temps. Sur-le-champ, de lui-même il est « lancé ».

Entre cette tranche de pays de montagne si miraculeusement reçue, et un je ne sais plus quoi qui vient d'avoir lieu sur le lieu même de l'expérience, je sais, j'éprouve qu'il doit y avoir un rapport. Qu'était-ce donc ? Me trouvant dans les rochers, j'ai peine à revenir dans ma chambre et dans la demi-minute précédente, à contre-courant d'un courant si puissant. Enfin m'y revoici pour inspection, et j'y retrouve — mais oui, c'est cela — l'insolite passage *profond* et rafraîchissant d'une gorgée d'eau que j'avais avalée et qui descendit en moi *profondément*. Voilà le rapport. Un instant, je le vois. L'instant d'après, je ne le vois plus, de nouveaux arrivages de pensées, d'images et de poussées ayant inter-cepté le fragile lien découvert. Revenu aux rochers, niais, mais sachant que j'ai « su », je contemple le cañon redevenu indéchiffrable. La faute en est à la mise en scène du haschich, toujours si réaliste, à ces roches, à ces éboulis, à ce torrent, issus sans doute de ma sensation, mais qui sont d'un ordre tel et d'une profusion specta-culaire telle qu'ils s'opposent à la résurrection de la modeste impression première, laquelle totale-ment a disparu, ayant fait place à du solide, à du scénique, selon l'évolution commune en cette drogue et qui se fait dans le sens suivant (jamais dans l'autre) du senti vers l'évoqué, du qualifica-tif[1] vers le substantif, de l'impression vers la chose, de la chose vers le panorama de choses et vers le décor. Ce que je vois pourrait être, en effet, une gravure romantique, mais réifiée sou-dainement, animée par un presque réel ruisselet qui cascade dans le fond.

Si l'impression que j'ai eue précédemment d'un filet d'eau, pénétrant dans ma gorge et m'y rafraîchissant plus profondément que je ne m'y attendais, a déclenché la vision, tous les éléments premiers ont maintenant mué. Profond a fait profondeur, a fait cañon, rafraîchissement a fait fraîcheur dans la montagne, eau avalée et des-

1. Ou adverbe.

cendant profondément est devenue eau qui tombe, eau en cascades, eau qui en tombant a creusé un cañon, lequel a fait un précipice, etc. Par des liaisons multiples, l'original oublié reste en relation subconsciente avec le spectacle de la vision entière, si gratuit au premier abord, si impersonnel et pourtant secrètement personnel et adapté au moment, au vécu, spectacle « prenant » sans qu'on voie pourquoi d'abord, hors de sa place, semble-t-il, et en même temps parfaitement à sa place et que la cloche même du destin vient d'appeler. Si vrai en un mot qu'on s'en souviendra comme d'un endroit unique [1] où l'on s'est trouvé véritablement.

L'animation de la scène mérite un examen particulier. Elle n'est pas augmentée dans la même proportion que l'éclairage, le coloris, les odeurs. Non. Elle sort du rang, et même de leur rang nouveau et exalté. Son augmentation-intensification est incomparable. Cette vivacité à elle seule vous transporte ailleurs. Presque tous ceux qui ont usé du chanvre l'ont rencontrée maintes et maintes fois. Pour moi, dans les scènes visionnaires que j'ai connues, se sont placés des milliers de jaillissements, d'éclaboussements, d'explosions, de jets, d'envols. Le chanvre décoche,

1. Il est bon de déclarer ici que mes souvenirs de voyage tout au contraire sont si flous et vagues, si difficiles à retrouver, si extrêmement atténués que, panier percé, il ne me reste d'autres ressources que de me remettre à voyager.

lance, darde, éparpille, fait éclater, fait éruption, soit dans l'ensemble (c'est plus rare) soit, ce qui déconcerte, dans une petite partie seulement de la vision où son brio filiforme n'en est que plus surprenant, plus véhément, plus ardent. On assiste stupéfait à ces sporadiques éruptions, fluettes, folles fontaines, à ces jets d'eau, plus jets qu'eau, avant tout jaillissements, surcroîts punctiformes de forces, spectacle délirant de la geysérisation intérieure, signes de l'augmentation prodigieuse du potentiel des neurones, de leurs soudaines décharges nerveuses, signes de déclenchements précipités, de micro-mouvements, d'amorces de mouvements [1], de « mouvements naissants » et de micro-impulsions incoercibles, incessantes, qui finiront chez certains par donner de l'agitation maniaque.

Troisième séquence :

Tenant à pleine main un anneau, fortement je serre, je serre

Après la précédente vue de plein air, quelle rupture ! Le lieu, l'occupation, l'ambiance... à croire que je suis dans un autre film.

1. Dès la fin du XIXᵉ siècle on mit en évidence, dans des expériences métapsychiques, les mouvements inconscients indicateurs et d'une grande force chez des sujets haschisés, qui n'en avaient pas présenté de perceptibles avant d'avoir pris du haschich, micro-mouvements soudains qui trahissaient maintenant leur pensée, faisaient tourner les tables, indiquaient sans le vouloir l'emplacement d'objets cachés, etc...

Finis les voyages. Dans une pièce nue et neutre, je suis occupé, sans avoir d'attention pour autre chose, à tenir un anneau, fort, très fort. Inimaginable ce serrement presque hallucinatoire.

De ma vie je n'ai attrapé pareillement un anneau, ni quelque objet que ce soit. Pas mon genre, cette ardeur dans les muscles.

C'est plus tard, bien dix jours plus tard que, libéré de la saturante impression de ce serrage (toutes les impressions dominantes des séquences ont quelque chose de totalitaire, d'exclusif qui ne permet pas le partage), c'est alors seulement qu'il me vient à l'esprit que cela pouvait bien traduire simplement l'impression que j'avais eue, un instant auparavant, d'un lien entre « profond » et « précipice en montagne », l'impression d'avoir « saisi » (et plus précisément d'avoir saisi un anneau de la chaîne). Un anneau seulement, et c'est très juste. C'est cela même qui faisait paraître la scène et mon action de serrer dépourvues de sens. Je ne pouvais voir la chaîne entière, comme il est vrai qu'on ne peut jamais la voir alors, ni même en voir une partie considérable, chaîne dont les anneaux apparaissent séparés, inattendus, de nature inégale, dissemblable, et dont on ne voit jamais qu'un à la fois (quand on le voit), un seul et frappant.

Hors de propos, inutiles, intempestives, les

impressions et évocations musculaires sont spécialement déroutantes, empêchant de comprendre, prenant sans raison visible toute la place. Il faut essayer de n'en pas tenir compte, mais retirées d'un côté, elles reviennent d'un autre, prenantes, prégnantes, exagérément fortes, se plaçant où elles n'ont que faire. Presque des hallucinations musculaires, importuns facteurs de reviviscences, ces hypersensations concourent au sentiment illusoire du réel, d'un réel vécu auquel on prendrait part, auquel on serait présent de tous ses muscles.

Quatrième séquence :

« *Paolo ! Paolo !* » *crié d'une voix bordée de rouge.*

Plus d'anneau. Plus question. Ni de serrer quoi que ce soit. J'entends crier. Cri agressif, qui entre violemment en moi et paraît venir du fond d'une cour.

Sorte de scène de souvenir (oublié) qui, subitement, retentit à nouveau, comme au naturel. Pourtant d'aucun *Paolo* ainsi interpellé je ne me souviens. « Voix bordée de rouge. » De la littérature ? Non, nullement, phénomène précis, courant dans l'ivresse du chanvre, qui dit bien ce qu'il doit dire et qui — j'y songe — justifierait bien un certain procédé littéraire, pas si procédé que cela alors.

Lorsque deux sensations, deux de ces hyper-sensations apparaissent, également fortes et outrées, gênantes, ayant mis *ipso facto* dans l'ombre les sensations concomitantes, on est pour les énoncer conjointes ainsi qu'elles se présentent, débou-chant violentes, *ex aequo*, et fonçant. Ne jamais oublier cette vitalité extraordinaire. Pas de stati-que ici. Pas non plus, sauf à dose très forte, de violence entraînante. On est au spectacle de violences localisées... circonscrites, intéressantes.

Pressé par le temps, le temps vivacissime, les mots parfois seront écourtés, par une fatale coalescence, deux tronçons étrangers, subitement soudés en un mot nouveau.

La tendance au néologisme chez des gens qui n'en avaient jamais donné signe est bien connue, tendance à former par l'agglutination les mots nouveaux dont ils ont besoin.

Certains aliénés pour qui il est des impressions majeures, empoignantes, s'imposant sans contrôle, abordant la conscience avec impétuo-sité et « ensemble » et ne la quittant pas, font, par nécessité intérieure, un mot nouveau de leur double ou multiforme misère.

Ainsi une malade se dit constamment « péné-troversée », c'est-à-dire pénétrée en même temps que traversée.

126

Ce mot en elle s'impose. Mot pour ses besoins nouveaux. Elle n'a pas étudié pour le fabriquer. Si, au lieu d'être seule à ressentir cette horrible impression, seule à se trouver dans cet horrible état d'être pénétrée et traversée de part en part, il y avait des milliers de personnes qui, dans ce pays, sentissent pareillement, le terme de « pénétroversé » eût été depuis longtemps français. Ce mot parlant eût été maintenu malgré sa formation simplette.

Mais pourquoi le mot *rouge*, plutôt que bleu ou vert ? Rouge est habituellement lié au sang, à la violence, au danger, aux avertissements de danger. Cette raison générale peut-être suffit aussi dans mon cas.

Cinquième séquence :

> *Par terre des fagots préparés*
> *Quel tas !*
> *mais qu'est-ce qui arrive ?*
> *Plus de fagots*
> *seulement reste la fagocité.*

Prodigieuse imagination des sensations musculaires. Des fagots près de moi, à deux ou trois mètres, je les sens comme si j'allais les toucher, les manier, m'en emparer. Faits de branchettes bien sèches, provision pour l'hiver... Un chalet ne doit pas être loin... et voilà qu'en deux ou trois secondes ces fagots, si parlants, si présents, si face à moi, si matériels, eh bien... il n'en reste quasiment plus rien. Et pourtant...

C'est comme si cet enrichissement de présence presque instantané, non moins soudainement était remplacé par une soustraction proportionnelle. J'assiste à un effondrement du concret, il y a quelques instants exalté, qui ne laisse ainsi de son passage qu'un je ne sais quoi, abstraction spéciale par soudaine paupérisation, par abrupt épuisement (du sensible), par cataclysmique déconcrétisation. Abstraction *sui generis*. Phénomène ici fréquent. Prodige qui chaque fois vous laisse confondu. Modèle sans doute de bien d'autres secrets « dépouillements »... Mais qui s'enfonce comme un clou.

L'absence de concret, en effet, n'est pas tout. Une abstraction est là. Singulière, soutenue. Un certain X appuie sur la touche, comme tout à l'heure sur des souvenirs, des visions ou des voix ou du toucher imaginaires.

Abstraction autonome, qui ne travaille pas, ne se lie pas à d'autres, se suffisant à elle-même et qui laisse médusé [1].

---

1. Combien de malades mentaux, particulièrement parmi les schizophrènes, reçoivent avec les hallucinations, des abstractions intensifiées, notes tenues, avec lesquelles ils doivent vivre, entretenant une vaine tendance à abstraire et cependant n'aidant pas à penser : abstractions vides.

Sixième séquence :

> *Tiens, je connais ce chemin-ci*
> *un chemin si particulier*
> *et pourtant...*

Le chemin que voici devant moi, si détaillé, celui-ci et aucun autre, je suis tenté de jurer que je le connais, que je l'ai déjà pris, et ce jardin, qui à gauche le borde, que j'y suis un jour entré. Et pourtant déjà tant de fois le haschich m'a trompé, me donnant la même impression de connaître, que de subséquentes réflexions, notamment sur des ensembles impossibles dans la réalité, me démontraient fausse et illusoire [1]. On s'y laisserait prendre à cause d'un naturel, même dans le monstrueux, qui n'est vraiment pas ordinaire, un naturel affecté d'un coefficient élevé, un hypernaturel.

Le haschich ressuscite le senti et le vu d'autrefois, les rafraîchit, leur donne leur « fleuri » maximum. Tout ce à quoi nous avons affaire

1. Visions intérieures qui font illusion. Onirisme. Combien de haschichés, dans les premières heures qui suivirent l'aventure haschichine, ont cherché de bonne foi les palais où ils s'étaient vu régner, et les richesses et les femmes qu'ils y avaient eues comme leur bien, ou sont allés s'accuser de crimes dont le détail resté prodigieusement clair et « vécu » dans leur imagination ne pouvait pas, leur semblait-il, n'avoir pas été commis réellement. On avait peine, malgré l'évidence des preuves, à les convaincre.

129

dans la nature, comme dans la vie, est un bouquet de sensations, un panorama d'impressions, et aussi une gerbe de « ricochets » d'impressions venant analogiquement. De ce double bouquet, le chanvre indien exalte, détaille quelques éléments, pas tous, quelques impressions, très rarement selon leur pertinence, leur importance dans l'ensemble ou leur signification, et celles-là il les exalte aveuglément. Les impressions musculaires ne sont pas seules à être réveillées de la sorte. Les évocations tactiles, également exaltées de façon privilégiée, enrobent et « naturalisent » les visions imaginaires.

Les trésors du « touchable » affluent, retrouvés. On les reçoit en cadeau de joyeux avènement du haschich.

La simple photographie d'une montagne, d'un parc, d'une cour, d'un terrain en friche va vous les apporter semblables à la vie même, semblables au monde dont pourtant votre position dans une pièce fermée vous tenait séparé.

Haschich, voyage du pauvre. On reçoit plus particulièrement les « matières ». A leur rajeunissement, je reconnaissais souvent le premier signe de l'action du haschich, à leur importance soudaine et sans raison soulignée, se détachant presque de la vision. Le grès, le schiste (dont je me fiche bien en temps ordinaire), les scories, le soufre natif, le silex, des pépites d'or ou de cuivre, des tuyaux de plomb, le cuir, la peau, une couenne, apparaissaient comme au regard d'un géologue ou d'un artisan. Tapis de haute laine, sabots de cheval ou de brebis, et aussi le genou, le piquant, le bosselé, le ligneux, le ridé, le poreux, le noueux, l'humide aussi et le creux, le coudé, tout cela revient « nature ». Haschich, paradis par les sensations, par les « élémentaires ».

Au contraire de la mescaline qui donne des visions uniquement visuelles, ou des pensées qui se traduisent en visualisations pures, beaucoup plus intenses, il est vrai, correspondant à une vue de spécialistes (peintres paysagistes ou portraitistes), le haschich fournit, mieux même que la réalité, le manchon des impressions concomitantes à la vue, en fournit le régal.

Le jardin qui en vision intérieure vous apparaît, ne sera pas uniquement fait de touches de couleurs. C'en sera bien loin.

Ce jardin sera devant vous, ou autour de vous, avec ses virtualités, ses propositions de mouvements, de plaisirs. L'imagination tactile [1] surexcitée, on est là comme prêt à cueillir, à marcher, à tourner, à se baisser, à glisser, à escalader un tertre, à s'approcher d'un parterre, à s'en éloigner et, quoique immobile, on est au

1. Par une excitation du lobe pariétal qui manquerait dans la mescaline (?).

festin de la « participation ». Le jardin, donc véritable jardin et non résidu coloré de jardin, exhale pour vous ses tentations. Vous en êtes entouré.

Des sensations isolées sont parfois furieusement ranimées. La photographie d'une rue de Rotterdam, que je tenais à la main, je dus la jeter précipitamment loin de moi, étant soudain infecté par une odeur de harengs, et le goût détesté, insupportable, de rollmops oublié depuis trente-cinq ans se retrouvait intact dans ma bouche et ne la quittait plus. Je ne l'eusse pas mieux senti si j'en avais réellement tenu un morceau sur la langue.

Septième séquence :

> *Suis soulevé*
> *élévation*
> *élévation extrême.*

L'impression de soulèvement du corps est une de celles qui partout et par tous a été le plus généralement ressentie. Lévitation singulière, par à-coups, mais si forte que de temps à autre l'on vérifie si l'on n'est pas en l'air. Les premiers nomades qui dans les déserts de la Perse ou de l'Arabie utilisèrent le chanvre, étendus sur des tapis, se sentirent soulevés, ne pouvant redescendre, portés au loin. Combien de ces tapis volants ont pris l'air pendant les nuits lumineuses de l'Orient ! Cette illusion n'est pas pour nous, néanmoins l'ascension demeure une des aventures de celui qui prend du chanvre. L'installation toutefois de ce pouvoir est si discrète, si en dehors de la conscience (tout autre chose que l'impression de légèreté, plus mental, plus abstrait) qu'il arrive qu'on la remarque seulement par l'intermédiaire d'une photographie, où soudain l'on se trouve « en rapport » avec ce qu'il y paraît de plus élevé, grâce à une toute nouvelle préférence pour les pics, les pitons, les toits, le sommet des arbres, des plus hautes cheminées, les rochers d'où, s'y étant (mentalement) posé par mégarde, on a le plus grand mal à redescendre, emporté par la malice du chanvre qui vous a soulevé et vous y retient.

En ayant pris un jour, sur la plage d'Arcachon, pour me rendre compte de ce qui arriverait en plein air, je me trouvai tout à coup à une bonne altitude, montant, vite, vite, vite, derrière un ballon de football que le pied d'un sportif venait d'envoyer au loin d'un shoot puissant. Moi derrière, ascensionnant à sa suite, y ayant adhéré aussitôt que je l'aperçus, comme fer à l'aimant, c'était extraordinaire. Étrange aéronaute d'un nouveau genre. La descente ne fut pas, à beaucoup près, aussi remarquable. Les autres jeux de la plage me parurent peu modifiés. La plage grouillait de monde, sans être vraiment transformée pour moi, sauf par-ci par-là, par ces brusques montées « derrière » des ballons, qui me tiraient périodiquement en l'air.

On demeure toujours surpris par ces altitudes instantanées. On devrait mieux les prévoir. On y arrive rarement. Étant chez moi un après-midi, comme je considérais tranquillement, dans un des grands illustrés en couleurs de notre temps, une grande station inter-planétaire, subitement j'y fus. Effarante merveille. Instantanément détaché à quelques centaines de kilomètres, sinon à mille kilomètres, je voyais sous moi la rotondité de la terre lointaine déjà extrêmement rapetissée, où maintenant je ne pouvais plus retourner. Dans une panique sans nom, sans un mouvement, je mesurais là-haut la distance, l'effroyable distance à travers l'espace irrespirable et hostile, où je me trouvais de la terre, à tort méprisée bien des fois, à moi si nécessaire, maintenant perdue, hors d'atteinte. Mes jambes coulaient sous moi. Et le vertige, comment lutter contre le vertige ? Ces centaines de kilomètres de vide eussent tiré le vertige d'une pierre.

Me tenant aux montants de la grande roue silencieuse qui, pour des raisons de gravitation artificielle, tournait dans l'espace, les pieds sur ce grand engin ajouré, magnifiquement peint, seul

134

dans un ciel immense, dans un ciel vertigineux, en bas, en haut, de tous côtés, partout miraculeusement bleu, miraculeusement lumineux, j'étais là, ne sachant que faire. Le premier homme, en cette année 1958, à être jamais monté dans une station extra-terrestre! Un malaise sans nom, une anxiété, pour tout dire, le « désespoir astral », que d'autres après moi dans les prochaines années sans doute connaîtront, j'en faisais la terrible expérience. Je savais, j'avais honte aussi, je savais que c'était manquer de cran, qu'il eût fallu tenir bon. Dans cette situation inhumaine, n'y étant absolument pas préparé, tout courage me quittait. Que celui qui s'imagine qu'il n'aura pas le trac, qu'il y aille d'abord...

Enfin, pour le faire bref, je fis appel à tout, tout ce que je savais ou devinais être anti-ascensionnel. Mais j'eus du mal à décrocher. Cette maudite roue rouge interplanétaire me retenait. Un vertige à rendre l'âme rendait mes efforts inefficaces. Enfin, je me retrouvai sur terre, penaud, mais presque avec regret. Le vertige ne m'avait pas tout à fait lâché. Je me surveillais, je surveillais où je mettais les regards, où j'allais les mettre, car, quand ils y sont c'est déjà trop tard, à l'instant même vous y êtes. Je me savais toujours en danger, en danger de me trouver emporté en altitude, sur n'importe quel impossible corps qui se trouverait passer ou se tenir dans l'espace.

Huitième séquence :

> *Tennis des synonymes*
> *Je vois, j'amasse des ressemblances*
> *Je vois, je rouvre des différences.*

D'abord, il se présenta à mon esprit deux synonymes, quelque chose comme « peu important » et « modeste » ou « réservé et modeste » ou « humble et effacé », je n'ai pu m'en souvenir, n'ayant été frappé, médusé que par les opérations faites sur eux. Ce n'est pas simple, dans le haschich, deux mots qui se ressemblent.

Je vis d'abord en un éclair (et comme s'ils étaient dans un vide immense), ce qui les rapprochait, puis ce qui les distinguait. Immense, leur clan à chacun. Leur monde. Tantôt plus ce qui eux et leur groupe les rapprochait, en des centaines de rapprochements express, puis ce qui les faisait se distinguer — se remettre à distance. Puis à nouveau ce qui les rapprochait. Galeries à perte de vue d'analogies, interrelations multipliées, échanges de balles frénétiques, porteuses de sens, balles tantôt de la ressemblance, tantôt de l'opposition, ce fut un tennis fulgurant et immatériel, tel qu'on n'en vit jamais sur aucun court. Échanges étourdissants de brio, de vitesse dont je n'ai rien retenu. Dix secondes plus tard, c'est comme qui dirait trente kilomètres plus loin. On ne revoit plus rien. L'horizon s'est totalement modifié.

Comme une figure sérieuse et quelconque, comme une phrase banale déclenche plus que toute autre chez le haschisé des rafales de rires, qui se succèdent, reviennent, n'en finissent plus, où, se refaisant mystérieusement, ils retrouvent une nouvelle source et un nouvel investissement de comique, ainsi une idée banale, quand dans l'excitation haschichine, elle se trouve lancée dans l'aventure des micro-altérations, du fourmillement des micro-variations, des micro-oppositions, des micro-rapprochements, dépasse en fabuleux les plus divagantes visions, les plus féeriques que désormais on laissera aux badauds.

Les modulations, en effet, qu'arrive à faire le « chanvre » avec des prémices aussi neutres sont si ahurissantes, si émerveillantes, si démonstratrices de son pouvoir surhumain, si lumineuses, qu'il n'y a pas de tête métaphysicienne qui, même avec la plus magnifique idée, puisse en faire autant. Sens soit en opposition, soit en jumelage presque à l'infini et en un espace de temps infime, parenthèses en éclairs, il n'y a pas plus grand miracle de l'intelligence « saisissante ». Aussi, ces prodigieux « échanges » n'ont-ils pas manqué de donner à maints drogués même médiocres une extrêmement haute idée de leur intelligence. Personne n'a, en effet, plus qu'eux à certains moments une plus grande densité d'idées, de rapprochements inattendus dont ensuite ils ne se rappellent rien.

Neuvième séquence :

> *Des mots, voyons, lesquels étaient-ce,*
> *prononcés d'une voix pincée ?*
> . . . .
> . . . .
> . . . .
> . . . .
> . . . .
> . . . .
> . . . .
> *Un corset m'apparaît*
> *sur une poitrine, étroitement lacé.*

Les mots que j'entendis furent aussitôt oubliés, mais la façon dont ils furent prononcés me resta, et cette voix pincée faite pour la réprimande... que j'avais dû entendre quelque part... (Où ?) Puis plus rien ou plutôt... C'était comme si, parcourant un trajet souterrain, une idée allait s'accomplissant, allait son chemin avec le temps qui passait et que j'eusse pu scander, et je comptais en effet successivement un, un plus un, plus un, plus un, plus un, plus un, plus un. Donc sept fois j'avais pu refaire acte d'attention, et de recherche pour savoir si quelque chose devenait perceptible. (Était-ce des secondes ou presque des doubles secondes, je ne saurais le dire.) Après ces sept écoulés, apparut en vision un corset. Tiens ! Je n'avais songé à aucun corps ou vêtement féminin précédemment. Or, le corset était là, fixe, comme une réponse, comme un rébus. Et c'en était un. Exemple aussi du temps de latence nécessaire pour qu'une opération subconsciente s'achève et fasse résurgence, et un exemple encore du passage de l'adjectif au substantif, de l'impression à l'objet, à la scène.

Le mot avait plongé. « Pincé » revenait « corset ».

Souvent j'ai suivi une pensée. Était-ce toujours une pensée ? Parfois plutôt une phrase mentale, muette, signalée, non prononcée, comme sans mots les tam-tams africains transmettent des messages.

Je notais par exemple :

et c'était un bout de phrase, plutôt trois mots qui apparaissaient finalement et comme le dernier état d'une manipulation mentale (que je n'avais pu voir jusque-là). Il arrivait aussi, pour dire vrai, que les mots qui me paraissaient venus à leur temps de maturation (on le sait, on le sent), au moment d'apparaître, replongeaient et je devais attendre une nouvelle procession intérieure se continuant dans l'obscur pour qu'une nouvelle émergence eût lieu à quoi il fallait, toujours vigilant, me tenir préparé.

Dixième séquence :

Un pipe-line à gueule de fauve s'élance vers moi (connu !)
Alors d'un corps d'homme part un long long geste d'exaspération.

Un allongement extrême d'objets vus réellement ou en vision intérieure est commun dans les hallucinogènes. Le pipe-line vient de cet allongement.

Animation extrême et locale, air d'attaque, de mobilisation, tension extrême, autres particularités de ces drogues. La gueule du fauve en sort.

Mais j'avais eu, il y a des années, une vision de ce type, dont je parlai. Je m'en ressouviens subitement. Ainsi je suis retombé dans une vieille ornière ! Cela peut donner de l'humeur. Je ne la sens pas, mais clichée en quelque sorte, elle se montre. C'est un bras considérable et trop long, lui aussi, qui fait un grand, grand geste d'exaspération, bien excessif.

Onzième séquence :

> *Seul dans mon lit*
> *j'entends à mes côtés la respiration de l'étrangère*
> *la photographie respire !*

Deux renforcements sont à l'œuvre : renforcement soudain de l'impression de présence d'une personne inconnue dont la photographie traîne à côté de moi parmi les livres, et renforcement (apparent) du bruit de ma respiration, soudain si fort que je ne la reconnais pas, et que je crois entendre une respiration étrangère, différente, plus forte que n'est la mienne.

Fusion des deux impressions renforcées qui m'arrivent conjointes et que j'aurai difficulté, malgré mes efforts, à disjoindre.

3

TANTÔT MENÉ PAR LE CHANVRE
TANTÔT L'EMMENANT AVEC MOI

Relation A : La séance d'intimité.

Voilà trois ans ou davantage que j'avais expérimenté le chanvre, en reprenant à contrecœur, de loin en loin, persuadé que je passais à côté de quelque chose, quand, un jour, un peu moins impatient sans doute que d'habitude, je trouvai ce que des milliers et des milliers de personnes, en Orient, ont su et plus ou moins pratiqué. Ce fut tout simple, et c'est tout simple, et en cinq minutes on peut l'enseigner à un novice. Donc je regardais quelques reproductions de peintures et quelques photographies. Une d'elles était le portrait d'une femme. J'allais passer à une autre lorsqu'elle... se mit à vivre. Oui, elle vivait. Chez moi. Près de moi. Elle resta. Je venais de découvrir[1] le paradis haschichin, dont on fait

1. J'avais passé à côté, mais tout près, avec la mescaline. Là, ma personnalité perdue, en danger, lié par identification et désir, et amour peut-être, je n'avais pas vu le phénomène isolé. Je ne le croyais pas possible. Dans le haschich, médiocre perte de la personnalité. Aucun sentiment nécessaire, sauf celui qui permet d'agréer une compagnie. Pas d'annulation de soi-même. L'autre, la personne de l'autre, elle est « en plus ». Un visage ou un être immobile, en peinture, regardé six secondes au lieu d'une, et le voilà accroché, retenu, obligé de s'installer. Quelques secondes font toute la différence. Acceptez six secondes et il accepte des heures.

tant d'histoires, qui a des rapports avec le paradis de Mahomet à l'usage des simples, des rapports de père. Il fallait bien, en effet, qu'il y eût quelque chose d'autre que des hallucinations ou des visions pour que des gens de tout genre s'y fussent plu si longtemps, en tous pays.

La femme donc ne partait plus, développait sa vie devant moi, une vie vibrante, une vie sur place, une vie liée à ma compagnie. L'impossible *vivre ensemble* se réalisait sur-le-champ avec une aisance miraculeuse. Ce secret des secrets était un secret de Polichinelle, dont quantité d'hommes en plusieurs pays d'Asie et d'Afrique firent leurs délices, leurs habitudes, leur terrestre paradisiaque. Avec des parfums, des grelots, avec des barbouillages grossièrement suggestifs on faisait venir l'absente entourée d'oiseaux dans des jardins de féerie, on la faisait danser et la masure miteuse, ou la tente malodorante s'emplissait de la grâce des houris, de leurs bras, de leur poitrine, de leur si naturelle présence. Elles venaient au rendez-vous. Elles arrivaient irrésistiblement, acceptant « *d'être avec* », avec n'importe qui, dès lors qu'il usait de la poudre qui a pouvoir.

Ah ! si j'avais eu cette faculté à l'état naturel ! Si la capacité m'avait été donnée de faire instantanément vivre devant moi des personnages à la seule vue de leur photographie !

Ce pouvoir actuel, j'avais à le vérifier. On n'a que trop de tendance à l'illusion, s'agissant de femmes. Donc, à un homme à présent. Voyons cette photo. Regards prolongés... et l'homme vient. Ni plus vite ni moins vite que la femme. Augmentons la difficulté. Ce groupe de trois maintenant. Je regarde. Ça y est. Le premier, le second, le troisième. Ils sont là. Non, ils sont ici. Je vais de l'un à l'autre. Ils continuent de vivre, de communiquer entre eux, moi présent. Peu plaisante la compagnie de ces trois gaillards formés par la politique et par l'arrivisme. Dehors ! Encore quelques essais de groupe, quelques autres sur des isolés, sur des hommes de différentes allures, de différents âges, de différents types et, preuve faite, je reviens à la première personne observée.

Je la regarde. Elle revient. Elle revient sans bouder. Elle revient automatiquement. Je la retrouve. Elle bouge à peine. Et même bouge-t-elle ? Elle bouge sur place. Elle vibre. L'œil, la bouche, ou telle ou telle partie du visage que je regarde, comme pris dans un impondérable presque psychique poudroiement, ou oscillation, ou balancement subtil, s'anime, ne bougeant pas vraiment, mais ayant pu bouger, venant peut-être de bouger, ayant pu profiter d'un moment d'inattention pour bouger. On se croit toujours prêt à la surprendre sur le fait d'avoir bougé, d'avoir franchement souri, de s'être nettement inclinée de côté pour jeter un regard à la dérobée, de s'être vraiment retournée pour pouffer. Animation inouïe et incernable, dont pas une comédienne sur cette planète n'est capable. Sorte de tremblement psychique, tant il est fin, tant la finesse seule lui convient (c'est pourquoi les visages de femme, les plus beaux, les plus harmonieux lui sont si bien préadaptés), incapable de conduire à la grossièreté, ne pouvant jouer que sur le vibrant, le rayonnant, jeux de finesse d'ailleurs qui échapperaient au théâtre et sont faits pour l'intimité face à face. La même infime variation sans fin et mystérieuse, qui fait voir en vision des villes fabuleuses aux tours élancées et les palais irisés de Koubla Khan, indéfiniment différents et pareils, conduit ce visage mouvant à varier, indéfiniment, à se reformer autre.

Que d'expressions l'infiniment variant va convertir en vie ! Si la femme a un visage simple et naïf, elle rayonnera de simplicité, s'il est railleur, elle sera railleuse à ravir, spirituel, elle rayonnera d'esprit, s'il exprime la bonté, sa bonté [1] rayonnera, sera convaincante, s'il est

---

1. A n'importe ce qu'elle exprime elle est prête à vous convertir. Sa méchanceté aussi est enjôleuse. Cependant, avec les visages grossiers, aux traits « tranchés à la hache », une difficulté est à surmonter, que ne suscitent pas les traits harmonieux lesquels donnent avec aisance l'impression de vie continuée et cependant insaisissable.

sensuel, son imprégnation sensuelle sera magné-
tisante, si elle est pure, elle sera adorable,
angélique, oui elle sera ange peut-être mieux que
tout car elle irradie. L'au-delà, en elle, radieux,
transpire... et se renouvelle.

Car la modulation est le caractère sans doute
le plus extraordinaire. Ce visage est en mouve-
ment, en mouvements fluides, admirable écran
où s'inscrivent et se défont les inscriptions de
sentiments et où infatigablement reviennent de
nouvelles inscriptions. Elle est en mouvement. Sa
vie, son âme, compagnie miraculeuse. Le fleuve
d'instants, le fleuve d'émotions avec ses altéra-
tions, ses micro-altérations (car une émotion, un
sentiment n'est qu'une moyenne, une moyenne
d'épanchements, d'impulsions, d'impressions,
d'inclinations ou de dégoûts ressentis, gouttes et
particules du flot émotionnel qui est en vous,
vibrant, frémissant, à multiples courants et
reprises), ce fleuve donc qui vire sans arrêt, qui
change affectivement toutes les secondes, que
vous ne savez pas voir en vous, vous le voyez en
ces instants paradisiaques, en face, sur la face
mouvante, en altérations invraisemblablement
délicates, que les amants voudraient et ne peu-
vent distinguer sur les visages aimés. Les voilà,
les variations ne vous sont plus cachées, passent
sous sa peau, comme des nus sous une mousse-
line transparente. Vis sans fin. Vie continuée

continûment, aux instants cependant « distingués », détachés comme mots épelés par un enfant mais vite, vite, vite, suivis amoureusement dans un vertige d'attention passionnée.

C'est votre vague à l'âme, soudain détaillé, devenu providentiellement bouillonnant et ouvert, ce sont vos rêveries, votre mélancolie ou réjouissance, votre subtile animation à vous-même inconnue, qui font ce gracieux « jamais vu ». Ce sont vos variations inconnues qui, passant sur l'autre visage, coulent, flot acteur, flot indéfiniment qui fait des « mines », c'est le vôtre, ce doit l'être.

La vie avance sur le grand Continuateur miraculeux, qui vient de vous, mais heureusement vous n'y pensez pas, penché sur le paradis du visage délicieux, chapelet miraculeux que vous passeriez une vie à égrener. Fleuve saoul de lui-même, et qui va se saouler des visages qu'on lui présentera et qu'il rendra enivrants, fleuve dans lequel les innombrables impulsions mimiques qui passent en vous trouvent enfin une fin digne d'elles, fleuve enfin à vous deux, car c'est bien selon les propriétés et les inclinations et les possibilités de ce visage de femme qu'il passe en se diversifiant, fleuve que tout vous fait croire que vous le partagez ensemble.

Ce serait une illusion que de mettre en avant aux fins d'explications je ne sais quelle âme ou je

ne sais quelle émanation qui animerait tout cela.
Je devais en recevoir une preuve presque comme
une gifle. Ayant pris un dictionnaire illustré,
pour le parcourir au hasard, pour savoir ce qui
m'y accrocherait dans l'état où j'étais, une tête de
mort qui, en tout petit était reproduite, se mit à
battre des mâchoires. Vite, mécaniquement. La
mâchoire était le seul endroit où mon être,
possédé d'impulsions motrices, pouvait placer et
raisonnablement imaginer des mouvements.
C'était grotesque. Surtout pour ne rien exprimer.
A l'extrême rigueur, un certain rire sardonique
pouvait ridiculiser par exemple ma théorie des
échanges ou correspondre à une certaine rail-
leuse attitude que j'eus au moment où je décidai
que j'en avais assez vu de ces échanges visage à
visage. Peut-être. Peut-être pas. Obscurité en
pleine lumière, la drogue est partouze. On ne sait
quoi ni qui on tient.

Mais la tendance aux mouvements, à « mettre
en mouvement », ... en mouvements, pourvu
qu'ils soient petits, et vite répétés, doit et va, par-
dessus tout, par-dessus vous, se satisfaire.

Relation B : *Wozzeck.*

Ce soir-là, j'avais pris une dose moyenne de
chanvre. Dans un programme de radio, que je

feuilletai, *Wozzeck* était annoncé. Je l'aurais aussi volontiers écouté à jeun. N'importe, tournant le bouton je ne songeais plus qu'à le suivre, oubliant mon chanvre qui ne m'intéressait plus. Tandis que j'écoutais, un auditeur extrêmement attentif écoutait de l'autre côté de la fenêtre entrouverte, regardant dans ma pièce, les yeux fixes, les regards droits sur l'appareil de radio, comme si l'opéra qui s'y entendait s'y voyait aussi. Composé de ramilles et des feuilles de ce qui en temps ordinaire est un tilleul, il ne perdait ni un mot de la pièce, ni un mouvement du drame qui s'entendait de ma chambre, et qui pour lui apparemment s'y jouait. Présence sans grands mouvements, sans doute, mais pas non plus immobile ou si on veut l'appeler immobilité, c'est immobilité vibrante et passionnée qu'il faut dire, pleine d'implications, tendue, tendue, de ces genres de retenues qui font présager le pire, les grands accès d'indignation, de protestations, de violences [1]. On ne pouvait s'y tromper. C'était un homme farouche, entier, un homme qui prend tout au sérieux, pas fait en somme pour le théâtre.

Par moments tiré un peu de côté (par des

---

1. J'étais tout de même surpris de son mécontentement à lui. Le mien ? A suivre cette pièce « pénible » ? Mais elle me plaisait comme elle était. Mécontentement d'avoir pris du chanvre, ce soir-là ? Mécontentement de ce que je me forçais par devoir (!) de prendre ce chanvre sans m'y plaire ?

bouffées du vent du soir qui s'élevait), étiré même, je le voyais esquisser, décidément impatient, des remuements imprécis, et s'incliner, très très penché et en attente. D'autres fois, il paraissait même se disloquer, prêt à se désagréger aux paroles tragiques, à cette situation intolérablement injuste faite au pauvre Wozzeck.

Ardent, anxieux d'entendre la suite qui, hélas, ne paraissait rien présager de bon, cet homme sombre était visiblement malheureux. Il avait, comme on dit, une *présence* extraordinaire. Je finissais par n'avoir plus d'attention que pour lui. Ses paupières parfois se soulevaient nerveusement, aidées sans doute en cela par quelque feuille battante, c'était impressionnant. Toujours sans un regard pour moi, tourné uniquement vers la radio, où il voyait tout ce que moi j'aurais bien voulu voir et dont j'étais averti seulement indirectement par son visage tremblant et de plus en plus altéré, il me fascinait. D'abord il m'avait paru plutôt renfrogné, sorte de gaucho, fier, dangereux, peu fait pour ces spectacles de la ville. A idées sociales bien arrêtées. Genre communiste. Son visage grave semblait, à cause de la rencontre assez brutale de la bouche et du nez, porter une croix. Par moments — c'était bien surprenant — il battait des oreilles. Étrange en un homme si concentré ! Habitude peut-être de *campesino*. A part cela très retenu, sauf une fois quand, brusquement, très brusquement, il porta la main à son visage d'un geste emporté. Voilà qui était renversant (même dans le haschich), mais dont bientôt fut percé le mystère qui tenait à une vitre de la fenêtre, laquelle, sale, vieille et brisée, interceptant de façon inégale les rayons et la vue, était venue *couder son image,* à un moment où le vent avait le plus écarté deux rameaux le composant, moment qu'un soudain éclat lyrique de Wozzeck mal traité venait par hasard de dramatiquement souligner. C'était trop beau. C'était trop de malaise aussi... et je détournai les yeux, pour n'écouter plus que la musique... et l'écouter seul.

Lorsque je relevai les paupières, ils étaient trois ! Avec naturel installés dans l'arbre, regardant comme s'ils étaient chez eux, et confortables, sans du tout s'occuper de moi. Le deuxième homme avait les yeux globuleux, le troisième, du genre matamore, tous deux troupiers, grenadiers peut-être. D'une tenue, me sembla-t-il, d'autrefois.

Eux aussi plutôt mécontents, chacun à sa façon. A nouveau je détournai les yeux. Moi, je suis tout de même plus tolérant, plus intéressé par la seule musique. Du moins je le croyais jusqu'à présent. Du temps s'écoula et du drame. Comme il est plus agréable de regarder par la fenêtre que par terre, à nouveau je regardai devant moi... et les retrouvai. Ils prenaient décidément la chose autrement que moi, moi plus éclectique, eux plus entiers dans leurs réactions. Intéressé, j'en suivais sur eux les variations surprenantes, mais toujours dans leur ligne. Ça c'était épatant. J'étais épaté (je le suis encore) de pouvoir, sans effort aucun, créer, « émettre » en quelque sorte et animer différemment *trois* personnages, chacun avec son tempérament à lui, traduisant un sentiment particulier que je ne ressentais pas, tout en écoutant la musique d'un opéra absent dont eux paraissaient voir les acteurs et leurs gestes ! Une fameuse machine que l'homme ! Jamais, jamais plus — me promettais-je — jamais plus je n'en dirai du mal. Ce serait trop sot, après tout ce que j'ai appris maintenant, sur ses pouvoirs prodigieux... Le drame prit fin. L'obscurité du soir engagée dans ma chambre depuis pas mal de temps, et aussi, quoique moins, dans le jardin, allait tout estomper. J'éclairai. Me croyant à peu de chose près redevenu normal, je fus surpris d'une faille profonde qui, prenant à peu près à dix doigts de ma chaise, séparait ma pièce en deux, par un clivage abrupt. J'aurais voulu comprendre la raison de cette division inattendue, mais sans avoir à tourner la tête. N'y réussissant point, je remis la radio, la faille disparut. N'importe.

Fatigué, mal à l'aise, je quittai la pièce, il était temps que je me secoue un peu.

Relation C : Les géants.

Ni les jours suivants, ni jamais je n'ai pu retrouver sur l'arbre l'emplacement où, grâce à une certaine disposition des feuilles et des rameaux, mon auditeur de *Wozzeck* avait pu se tenir, disposition dont pourtant ses attitudes avaient dépendu étroitement.

Rentré dans l'habituel « chez soi », qui a cessé d'être gorgé et tumultueux, on n'a plus rien à projeter au-dehors. Ces deux mondes communiquent mal.

Pour forcer la réminiscence, je repris, un soir, une dose pareille à celle qui avait fait apparaître l'auditeur anonyme. Il ne réapparut pas. J'eus beau cent fois fouiller du regard le tilleul, il resta tilleul, du moins suffisamment. Essai puéril sans doute, mais sait-on jamais ? Comme dépité, je m'en étais détourné, je vis au loin une tête sans bouger qui m'observait, et pas seulement qui m'observait. Occupant la presque totalité de ce qui habituellement est la couronne d'un ptérocarya, l'arbre le plus éloigné que je puisse voir de ma chambre, ayant bien quatre mètres de haut, la géante tête tenait sur moi ses yeux fixes et ardents. Un mélange, comme la nature sait en faire, de vide et de compact, lui donnait du naturel et un air sourcilleux. Un puissant mécontentement la rendait féroce. Par moments, elle montrait les dents.

Il n'y avait vraiment pas de quoi. Toutefois, je me mis à y réfléchir.

Certes, ma vaine recherche de l'auditeur de *Wozzeck* avait pu me mettre de mauvaise humeur. En étais-je assez chargé pour pouvoir émettre [1] à quatre-vingts pas de moi une tête monstrueuse ? J'avais aussi cherché quelque temps sans résultat un certain crayon, sur ma table encombrée. Oui, mais cette grosse masse de colère et par moments de fureur concentrée, pour cette bagatelle de crayon introuvable ? Il est comme cela, le chanvre, toujours outré. Il ne sait pas faire du modéré. D'ailleurs qu'est-ce qu'un léger mécontentement ? Un tigre modéré. A l'état normal, modéré, mais dans l'état présent, mal modéré, et en quelque endroit, tout à fait immodéré. Fermons les yeux, retrouvons notre calme, calme pas si perdu que ce griffon voudrait me le faire croire. Car j'avais oublié de dire que c'était une énorme tête de griffon qui me regardait. Bon. Je relève les paupières. Il est toujours là, mais l'air moins « allumé ». Curieux. Je me suis donc refait du

1. Reconnaître, plutôt, cela va sans dire.

calme. Hum ! il semble reprendre de l'agressivité. Le dehors ne me réussit décidément pas, me portant plus aux réflexions en mal qu'en bien. Peut-être. Ne serait-ce pas plutôt la recherche elle-même qui... Oui. La recherche n'est-elle pas (à la racine) acte du monde animal, du monde chasseur ? Une recherche peut-elle être tout à fait innocente, tout à fait sans ardeur, sans élan à vouloir attraper, saisir, saisir malgré les résistances, et voilà que pendant que je réfléchis, l'apparition change, tête de pirate, cette fois [1], géante aussi, moins considérable, considérable tout de même, un peu théâtrale. Voudrait-il faire peur ?... A qui ? A moi ? Échec dans ce cas. Échec parfait !

Du temps passe. Distractions... Le griffon revient, mais sans grande puissance, puis, oh ! ceci est plus beau, je vois — toujours sur ce qui avant était les feuilles d'un arbre — une certaine montagne pierreuse comme j'en vis aux environs de Naples, me donnant l'impression d'un horizon de plusieurs dizaines de milliers de mètres carrés dans un petit coin seulement de mon jardin

1. En recopiant un an et demi plus tard, seulement alors je remarque — flagrante association que je n'avais pas aperçue — que saisir malgré les résistances, c'est justement le métier du pirate. Le pirate était l'illustration même de ma pensée.

moyen. Cependant la tête du griffon n'en est pas absente, quoique fort dispersée, atténuée aussi. Je ris. Qu'ai-je fait? Mon Dieu! Je me suis mal conduit apparemment. Étranges oppositions spontanées. De multiples têtes sortent du rocher, courroucées, presque simiesques, instantanément hargneuses, menaçantes. J'en fais de belles! Réponses automatiques à mon rire. Si on ne peut plus rire maintenant! Mais, voyons, ne serait-ce pas mon rire lui-même, tout ce qui s'ébauche habituellement invisible dans un rire, c'est-à-dire raillerie, méchanceté envers l'objet du rire, risible ou ridicule? Et voilà les têtes qui émettent cette méchanceté! C'est mon rire peut-être, à quoi pourrait s'ajouter, pour la coiffer, la peur réflexe qu'on a automatiquement après un rire railleur, qui risque, en effet, de susciter une réponse outragée, courroucée... que vaguement on appréhende ou qu'on attend.

Dédoublement automatique, visualisation automatique, ne sont pas simples, ou sont à la racine même du simple, bien loin d'être des démons. Une douce ivresse me saisit alors et à suivre les représentations de l'ivresse et à suivre la présentation de l'ivresse que moi-même j'en fais et... et...

Vanité, vanité que la recherche. Fumée maintenant, fumée et paix.

Relation D : *Échos, échanges en tout sens.*

Un jour, après une prise de haschich, je me trouvais dans le couloir, faisant les cent pas.

La main sur la poignée, je m'apprêtais à rentrer, lorsque j'entendis qu'on faisait de la musique dans ma chambre. Les sons comme partis d'un vrai piano, ayant passé à travers la porte, m'arrivaient si purs, si pleins que, tout en sachant que c'était tout bonnement impossible, mon oreille, à chaque instant nouvellement comblée, me redonnait la même impression magnifique et indubitable. Une gêne m'empêchait d'entrer, qui est celle qui empêche d'entrer dans une salle pendant que le pianiste exécute un morceau. Il s'arrêta enfin. Je pouvais donc rentrer. Je ne le fis pas. Affaire à mieux débrouiller, et qu'une radio, sans doute restée ouverte, n'expliquait pas entièrement. Ensuite une symphonie se fit entendre et à nouveau la pièce se trouva occupée par les instrumentistes. J'entrouvris la porte. La fausse impression de présence devenait de la sorte plus facile à contrecarrer. La musique, porteuse d'ennui, était du genre Mendelssohn-Brahms. Je me sentais bizarrement « occupé ». L'ennui... retirant son masque d'abstrait se découvrait. A mesure que la musique passait, des visions parallèlement en moi pas-

158

saient, pauvres, discrètes, sans brillant, sans
valoir qu'on s'y arrêtât, des rues grises, des
maisons bourgeoises, des vérandas d'autrefois,
des cours d'un morne, etc. Analogues en gêne à
cette musique : la rue à cause d'un pavé inégal et
de son air éteint, les maisons à cause de leur
médiocrité prétentieuse, de leur mauvais goût du
XIXe siècle, le canal à cause de son eau immobile
et sale, la barque comme sentant mauvais et
prenant l'eau ou rappelant les jours de pêche
bredouille, les champs et des chemins boueux où
la terre s'attache aux chaussures. Ainsi donc,
pensais-je, après la vue de cet ennui « détaillé »
de la sorte, ce malaise que me donne telle ou telle
musique n'est pas seulement une impression
vague, presque ventrale, et qui serait un simple
empêchement à vivre à ma façon (il n'y a pas de
vague dans l'homme, il ne s'y trouve que de
l'atténué), ce vague, ce sont, inaperçus en temps
ordinaire, ces commencements, ces embryons
d'évocations, fugaces, remplacés incessamment
par d'autres, pareillement pointants et inachevés
par la faute des suivants qui prennent leur place,
c'est ce cortège disparate que la contrariété lie
ensemble. Ce qui me fascinait d'ailleurs n'était
pas le défilé sans grand intérêt, mais qu'il y eût
corrélation. Et sans doute dans l'autre sens,
aussi. Oui, en sens inverse, les rues déplaisantes
quand je les parcourais réellement, les portails

bêtes et médiocres par où je passais quand cela m'arrivait, les maisons xixe siècle prétentieuses devaient aussi faire lever, en sourdine, mais trop sourds pour que je m'en fusse aperçu jusque-là, des bouts de musique déplaisante, des commencements d'harmonies douteuses, de mélodies « à refuser ». Certaines maisons, quand je passais devant, vraisemblablement mendelssohniaient aussi. Échos dans les deux sens, échos en quantité de sens, escorte qui nous suit tout le jour, qui suit tout ce qui nous arrive, en commentaires sans fin, de sons, d'images, de gestes, en incessants ricochets, dont le plus souvent on ne veut pas, qui font tout à coup surgir une admirable image « étrangère » (!) et poétique. Analogies qui se sont faites seules, objets qui tout seuls se sont comparés, attirés, irrésistiblement, commentaires malgré nous. Échos. Qu'est-ce qui passe jamais sans écho ? Qu'est-ce qui est si nul qu'en un homme il n'évoque rien, absolument rien ?

Relation E :

Rêverie. Réflexions dont j'entends une à voix haute, et plusieurs en mots marmonnés.

Rêverie en mots qui continuent, maintenant retentissante, véritable casse-tête. Je suis dans les voix et les mots, comme je serais barbotant dans un torrent inégal, passant dans les uns, m'enfonçant dans d'autres, d'autres m'éclaboussant, d'autres me faisant perdre l'équilibre en paraissant m'apostropher. Mots impératifs, d'autres se perdant, comme s'ils allaient ailleurs et lâchaient mon « appareil ». La tête me tourne, tête place publique.

Je descends. Je prends un taxi. Le chauffeur me paraît lent. Ses réflexes, son sens de la situation bien inférieur au sens que moi présentement et tout à fait exceptionnellement j'en ai. Je ne dis rien. Parcours lent. Bientôt je me retiens d'observer le parcours et les manœuvres à faire, toujours si lentes, les virages à amorcer, les files où il devrait s'engager plus vivement, etc., de peur que ma pensée à son sujet il ne l'entende, forte comme elle est.

... Retour.

Rentré, je me trouvai ensuite observant une certaine situation dont l'élément principal était défini par le mot « distance », que j'écrivis. L'ayant écrit, il se dépouilla magiquement de son sens, de son importance, jusqu'à devenir insignifiant, puis se dépouilla du sens voisin que je lui avais vu en écrivant la réflexion même sur la situation, laquelle d'ailleurs je ne pus retrouver, puis du sens qu'il a habituellement pour moi. Il se tenait là, méconnaissable. Il lui restait à

161

devenir nul. Il le devint. Il n'avait maintenant plus aucun sens, de quelque façon qu'on le retournât. Mais en quittant le mot, le sens s'en installa en moi, me donnant subitement, totalement, comédiennement, le caractère d'homme distant. Et même distant de moi, si bien que j'avais peine aussi à m'approcher de moi. Le recel du sens avait fait se répandre le sens sur ma personne !

A tort donc j'avais cru perdu le sens du mot au lieu que j'avais perdu seulement certaines relations avec le sens, les plus utiles, il est vrai. Mais lui, se continuant, allait toujours. Le sens n'appartient pas à qui le pense. Il est difficile sinon impossible de faire disparaître une idée. Sa force de vie la préserve, la fait descendre en profondeur, dans d'autres circuits d'où d'une façon ou d'une autre elle peut, elle va réapparaître.

Qu'est-ce qui allait être branché sur « distance » ? Distance rôdait toujours, je n'en étais plus le maître et j'en étais mal et peu l'observateur.

. . . .

J'aurais voulu m'arrêter... le chanvre que j'avais pris me remettait constamment en course malgré moi. Un peu partout, de nouvelles fontaines de Vaucluse apparaissaient.

Je dus passer par beaucoup de barrages, par beaucoup de passages sous les flots. Je n'y parvins pas intact. Pas préoccupé non plus. Je m'étais bien décidé à, coûte que coûte, écrire fût-ce dans le plus complet *blanc,* et même si les mots qui se présenteraient n'avaient pour moi aucun sens. Écrire, qui demande force, et fait appel à de la force, devient force, devient contrôle, extension de contrôle, adversaire de l'incessante poussiéri-sation de soi... Quand je ne fis que commencer à écrire (ces commencements sont de véritables entreprises), des mots éclataient encore dans ma tête, dont c'était toujours l'accent, la prononcia-tion, ou la façon chantée, ou le timbre qui était le plus important. Un de ces mots fut prononcé si abruptement, que je sursautai et regardai machi-nalement autour de moi, comme pour m'assurer si quelqu'un d'autre dans la pièce ne l'avait pas entendu. Drôle de réflexe alors que j'étais seul ! Obnubilation vint. Obnubilation à trois épisodes ou davantage. Multiples trous [1] dans le sens. Puis interruptions rythmiques de sens. Est-ce un jeu ? Inouï ! Il passe... je me calme.

. . . .

Des mots dans un livre que je regarde et lis, défilent. Le sens ne les prend pas. Ils passent et aucun sens ne les touche. Tout n'est pas perdu. Après tout je localise encore le manque de sens...

1. Comme se présentent des manques dans les toiles que construisent les araignées Zilla qu'on a droguées.

L'averse passe et repasse, neutralisant les pensées, les mots lus, les interrompant, m'interrompant. J'avais convenu avec moi-même (ayant déjà précédemment fait connaissance avec ces phénomènes) que les trous de sens je les marquerais avec des points, que l'arrêt de sens prolongé, je le marquerais d'un trait et la fin de l'arrêt d'un autre trait plus loin, que les arrêts de sens en profondeur seraient marqués de deux traits, enfin que les arrêts graves (de ceux où l'on ne sait plus ce que l'on fait là), j'essaierais quand même de les marquer par trois traits. Le temps de ces manques de sens serait marqué par un intervalle approximatif d'un centimètre pour une seconde (encore plus approximative). Que de doubles traits j'ai dû marquer cette fois ! Quant au temps d'arrêt, il ne dura jamais, me semble-t-il, au-delà de sept ou huit ou neuf segments centimètre-seconde (ou d'autant peut-être de doubles secondes ?) pour reprendre cinq, six ou sept secondes ou doubles secondes plus tard. A la fin d'une grêle, je m'apprêtais, j'apprêtais ma main à tout de suite recommencer à écrire, afin d'utiliser au maximum, sans en perdre une, les quelques secondes « bonnes » qui allaient m'échoir. Je commençais un mot, et tandis que je cherchais les suivants, les importants (pas de simples « le » ou « dans » ou « que »), les mots-clefs pour profiter du court répit (de plus en plus court) avant la prochaine grêle (comptant sur six ou sept secondes de « bon » dont je guettais l'écoulement) vlan ! annulé ! la grêle tombait sur les quatre ou cinq lettres d'un mot non achevé et qui ne le serait jamais, et sur l'horizon de pensées qui venait (trop tard) de se lever. Après-midi des biffures de moi. Sous le coup, oui sous le coup de hache de ces haltes périodiques et *absolument intraversables,* et cette fois beaucoup, beaucoup trop rapprochées, il me fallait quand même une seconde, peut-être deux (?) pour une remise en train sérieuse, bien pensée, pour me retrouver dans la situation : or deux secondes sur les cinq, peut-être quatre, qui m'étaient cette fois octroyées, c'était insuffisant et la nouvelle averse, faiseuse d'inintelligible, passait, me traversait, sans que j'aie pu rien faire d'utile, avec deux, trois mots incomplets, tout en ayant eu le temps de voir se lever un nouvel aperçu, parfois éton-nant, que j'aurais tant voulu *noter,* important, important au possible, car plus gravement on est attaqué, plus important, plus profond sera ce qu'on saisit entre deux inconsciences.

Il y eut aussi des passages à trois traits, mais sûrement j'en ai laissé passer bon nombre sans les noter. Comment noter une absence quand on est absent ? Mais je devais, je savais que je devais la circonscrire, en prendre conscience, avec ma conscience en loques prendre la mesure de mon inconscience. J'aurais pu, je crois, avec moins de difficulté, frapper des coups sur la table, qu'une personne (s'il s'en était trouvé une auprès de moi) eût pu noter, ainsi que la durée de l'accès. Les petits « points-trous », ce n'avait été qu'au début. Les trous d'absence maintenant, ce n'était plus que des tranches d'absence. Beaucoup de tranches d'absence. Un mal de tête éprouvant ajoutait aux attaques en traître.

M'étant levé pour prendre à côté un morceau de quelque chose, un sandwich peut-être, je vis sur la table un objet que je ne connaissais pas. Je n'en trouvai pas le nom. Je ne voyais pas quel genre de nom il pouvait bien avoir. Ce n'est rien, ça. Mais je ne voyais absolument pas ce que c'était, à quoi ça répondait. Objet sans doute. Les autres continuaient à avoir un sens. Lui seul à n'en avoir pas. Je restai tout un temps sans bouger. Puis, sur un bout de papier, je formai grossièrement un carré. L'objet inconnu avait à peu près cette forme.

Revenu dans ma chambre, j'essayai de revenir à cette insolite affaire, mais l'insolite demeura insolite. Autour du dessin je pus ajouter plus tard un plus grand tracé, rectangulaire, peu régulier, mais dont je voulais me souvenir qu'il eût dû être régulièrement rectangulaire et en travers je griffonnai « table », espérant retrouver plus tard assez de lucidité et de souvenir pour... Puis je sombrai. Je me laissai aller — dans le sommeil sans doute. Je l'avais bien gagné.

....

Réveil. Le papier déplié près de moi. Ah! oui, ce papier. Qu'était-ce donc? Une difficulté que j'avais rencontrée. Mais laquelle? Lorsque je me levai et pénétrai dans la pièce voisine, je vis l'objet. Ah! une serviette! Ce n'était qu'une serviette! Une petite serviette qui n'avait trouvé aucune compagnie, aucune explication dans ma tête, aucune fonction! La voilà. Elle m'était revenue.

Relation F : Déchiffrer les visages.

Quittant délibérément les figures capables de séduction, ces visages de femmes, qu'immanquablement transmue une attirance assoiffée que décidément l'on garde, sans le vouloir reconnaître, toute sa vie jusqu'à sa mort, je me suis mis à regarder des visages d'hommes et d'hommes rébarbatifs. Visages que je ne tiens pas du tout à accompagner ni à rencontrer chez moi, visages où je veux voir clair, que je veux pénétrer. Plus de visages fermés, qui ne me disent rien ou pas grand-chose. J'y entre. Ils me seraient hostiles en temps habituel. Parfait. J'ai un effort de trois ou quatre secondes à faire et puis... je pénètre et suis en eux. Il me semble les connaître. Si j'avais à les rencontrer ensuite dans une réunion, je ne commettrais, me semble-t-il, aucune erreur psychologique avec eux. J'ai déjà fait connaissance. Je suis entré dans leur capitale, d'où ils dirigent et sentent et exercent leur vie. Quand je suis touché par le haschich, et par cette humeur d'investigation, je les vise, je vise leur centre.

Plus rien de vague ne subsiste en face. Ils sont devenus parlants. Je les ouvre. Je les parcours. Lorsque je ne fais plus de progrès substantiels dans la compréhension d'une tête (parfois d'un corps), je l'écarte, je m'en écarte et passe à une autre, dont en quelques secondes je force l'entrée, et vite à l'essentiel, à ce qui paraît être alors avec une évidence absolue son centre de forces, de contrôle, centre à partir duquel il se décide, se détache vers l'action. Je suis dans son courant. Chacun a de certaines zones sur lesquelles son corps s'équilibre plus particulièrement et prend appui pour l'élan, *chakras*, carrefours de composantes de forces, bases de confiance, d'assurance, de certitude, lieu de ses dominantes, rassemblement à partir duquel il prend ses initiatives et d'où partent ses détentes. C'est avec ça que je suis en syntonie — pour le moment (ce qui fait que personne alors ne peut vraiment me demeurer antipathique, puisque dans sa force, avec sa force, je ressens et devine ses élans que fatalement je dois au moins excuser).

Je crois avoir trouvé son point focal. Mais redevenu normal, hésitant et légèrement opposant, je l'ai perdu. Je croyais pourtant l'avoir si bien trouvé qu'il me demeurerait inoubliable. Erreur. Je ne le retrouve plus. J'en vins donc à marquer ces centres d'une croix ou de plusieurs, comme je pouvais, pendant l'observation sous haschich, avec les directions et la profondeur approximative (car il s'agit d'avoir en profondeur ces axes psychiques et ces lignes de départ). Assez vainement. A jeun, chaque tête me redevenait obstacle, énigme, incertitude [1], son intérieur présent ne se superposant plus à son intérieur précédemment deviné, tête à laquelle maintenant je m'opposais. Sans doute, cette opposition même, particulière et appropriée à chacune, me renseignait à sa façon sur la personne, sur les rapports possibles entre elle et moi, compréhension non négligeable mais réduite, dont il fallait me contenter. De pénétration, je n'en aurais plus avant le prochain haschich. Que valait cette voyance, si c'en est une ? D'autres, mieux doués, l'étudieraient plus profitablement.

1. C'est pourquoi, peut-être, les points toujours précis et en profondeur que j'avais notés à l'encre sur la tête examinée dans le moment où je croyais pénétrer les autres ne correspondaient pas avec les points et plutôt les zones qu'il est vrai, après beaucoup d'hésitation seulement, j'aurais indiqués dans mon état naturel et en surface comme étant des points de conscience.

Relation G : Lectures sous haschich.

Après une dose moyenne de haschich on est
impropre à la lecture. C'est reconnu. Même un
texte littéraire, on a peine à le suivre... à suivre
du même pas des lignes et des lignes à la file.
Néanmoins, j'ai trouvé dans le haschich un
admirable détecteur. Certains parmi les grands
auteurs de la littérature et de la mystique, n'ont
pas résisté une minute à sa « pénétration ». Les
auteurs, alors on les entend en personne et qui
n'en imposent plus, si peu que ce soit. On les
rencontre comme de leur vivant certains hommes
de sang-froid les rencontrant ont dû les jauger,
les évaluer. On les a au naturel. Les mots ne
jouent plus. L'homme qui était derrière vient sur
le devant. On perçoit aussitôt son conformisme
sans borne, sa tiédeur, et ses toutes petites
audaces, sa prudence, son peu d'imprudence, la
poche énorme de son ignorance, sur laquelle
venait une mince pellicule de personnalité et de
réflexion propre. Tout ou presque tout chez
l'homme est inconscience, efforts en surface et
contentement de même. Une très révérée sainte
subitement m'est montrée. Je suis bien déçu.
Sans doute elle a œuvré, travaillé, fait des
progrès. Il lui restait beaucoup à faire. Bavarde
et fille, c'était toujours une souris. Elle ne m'en

imposera jamais plus. D'autres, rares merveilles, ont à vous parler, sont vraiment derrière leurs paroles, vrais, sans avoir à pousser. Quelle joie (qui dure trop peu) ! Ramana Maharshi fut une de ces surprises.

Expériences à poursuivre. Le texte, à quelque endroit que vous le preniez, devient une voix, la voix même qui lui convient, et l'homme parle derrière cette voix. Le responsable est là, mince comme il était, et que le caractère imprimé ne durcit plus, il est là à nouveau, occupé sur-le-champ à penser, à s'exprimer, cherchant ses idées. Il recommence. Fini de faire l'abstrait, le vague. L'homme de derrière son nom vient avec son poids, son manque de poids.

Haschich traître, haschich, chien de chasse, haschich instructif. Il voit plus vite que nous[1], désignant ce que nous n'avons pas encore compris. Au départ, et chaque fois, il y a un effort à faire. Raison pour laquelle il n'a pas été utilisé dans ce but. On le violente, le haschisé, en l'appelant à l'effort, au moment où le laisser-aller lui distribue tant de merveilles. Il faut se forcer à

1. Parfois (lorsque la dose est trop forte) on fait avec une phrase de l'auteur de rapides échanges de balles, avec le texte dont son auteur même n'a sûrement pas vu les multiples implications, étonnant foisonnement, démonstration en action, carillon qu'on ne peut entendre que sans oreilles et porté par les ardeurs de l'esprit second. Pour la détection de la mesure même de l'auteur, une dose moyenne est plus convenable.

prendre le contact, à le maintenir, à percer. Mais une fois le contact obtenu en profondeur, quelle expérience !

Un jour où dans un de ces moments j'avais les yeux sur une étude, parue dans une revue à tirage très restreint et presque secrète, l'étude d'un jeune philosophe érudit, j'entendis comme un bruissement de foules venues écouter cette parole ! Tiens ! tiens ! La phrase, en effet, même relue à froid, plus tard, était le type même, toute philosophique qu'elle pût paraître, de la fausse pensée qui doit produire son petit effet, phrase qui n'arrive jamais sous la plume de qui n'a pas caressé l'idée d'approbations multiples et... de paraître à une tribune.

Ainsi j'entendais, grâce à une suite de courts-circuits, les applaudissements dont cet écrivain s'était senti entouré, les ayant sans nul doute désirés. La suite de l'article montrait en plusieurs endroits qu'il n'était pas homme à se contenter longtemps de pensées seulement (pensées par là infirmes malgré leur allure métaphysique et difficile). Présentement, il mettait une sourdine encore à ce désir, à ses projets, mais c'était la proclamation qui l'intéresserait dans dix ans et d'avoir un public au premier rang et réagissant sur-le-champ. Le haschich ouvre l'espace intérieur des phrases, et les préoccupations cachées en sortent, il les perce du premier coup. Il est

172

curieux que ce haschich, quand je testais ici quelques auteurs [1], ne se montra jamais vain, excentrique. Lâché sur la proie, il n'y avait pas de retour en arrière, pas de jeu. Il était appliqué comme un faucon. L'auteur ainsi mis à découvert une fois ne retrouvait jamais tout à fait son manteau et sa retraite d'auparavant.

1. (Si voyance il y avait, on était plutôt gêné par des renseignements donnés, en vrac.) L'article d'un autre auteur que je lisais, continuait — inconvénient souvent remarqué — d'être interrompu par des mots clefs concernant le premier auteur lu avant lui et par une abondance insolite de mots qu'il n'avait pas prononcés, mais qui devaient être de son « bord », de son milieu. Cette imprégnation persistante non égale, mais revenant en rappels inattendus, cocasses.

Ces répercussions à retardement sont une des difficultés des lectures qui demandent en conséquence à être faites tout différemment des lectures ordinaires.

V

SITUATIONS-GOUFFRES

V

SITUATIONS GOUFFRES

DIFFICULTÉS ET PROBLÈMES
QUE RENCONTRE L'ALIÉNÉ

Celui qui par la mescaline[1] a été agressé, qui par le dedans, à l'état naissant et presque météoriquement a connu l'aliénation mentale, qui, devenu soudain en mille choses impuissant, a assisté aux coups de théâtre de l'esprit après quoi tout est changé, qui, de façon privilégiée, s'est trouvé à sa débandade et à ses dislocations et à sa dissolution, sait à présent... Il est comme s'il était né une deuxième fois.

Combien souvent en ces heures interminables, quoique courtes en fait, de l'expérience du terrible décentrage, combien souvent n'a-t-il pas songé à ses frères, frères sans le savoir, frères de plus personne, dont le pareil désordre en plus enfoncé, plus sans espoir et tendant à l'irréversible, va durer des jours et des mois qui rejoignent des siècles, battus de contradictions, de tapes psychiques

1. L'auteur du présent écrit a, depuis cinq ans, expérimenté la plupart des démolisseurs de l'esprit et de la personne que sont les drogues hallucinogènes, l'acide lysergique, la psilocybine, une vingtaine de fois la mescaline, le haschisch quelques dizaines de fois, seul ou en mélange, à des doses variées, non spécialement pour en jouir, surtout pour les surprendre, pour surprendre des mystères ailleurs cachés.

inconnues et des brisements d'un infini absurde dont ils ne peuvent rien tirer.

Il sait maintenant, en ayant été la proie et l'observateur, qu'il existe un fonctionnement mental autre, tout différent de l'habituel, mais fonctionnement tout de même. Il voit que la folie est un équilibre, une prodigieuse, prodigieusement difficile tentative pour s'allier à un état disloquant, désespérant, continuellement désastreux, avec lequel il faut, il faut bien que l'aliéné fasse ménage, affreux et innommable ménage.

Quels sont les caractères de ce fonctionnement second, ses apports qui plus encore que les soustractions, les pertes, les déficiences et les détériorations, mènent à la pensée, à la conduite insensée? Voilà le sujet de la présente investigation.

1

L'IMPRESSION D'ÉTRANGE,
D'ÉTRANGER.
DE QUOI ELLE EST FAITE.
SES PROLONGEMENTS.

L'aliéné à lui-même par maladie, l'aliéné à lui-même pour avoir pris une drogue hallucinogène, l'un comme l'autre a subi une perte, la conscience qu'il avait de son corps a subi une perte, bizarre, abrupte, énorme.

Après l'injection de mescaline, de L.S.D. 25, de psilocybine, l'homme, jusque-là sain, sent son corps rapidement se retirer de lui. C'est fait. Il lui échappe. Il ne peut plus en éprouver la variété, la masse, la présence, ce sûr et obscur compagnonnage qui, inconnu des autres, lui était propre.

N'est plus un corps, n'est plus évocable, n'est plus sien, n'est plus qu'un lieu. Et il en est exclu. Sans doute il est toujours là, mais ne comptant plus. Fini le bain réciproque, où l'on est dedans et qui est en soi. Surprise! Stupéfaction! Mais l'expérimentateur s'est vu partir. Il va se voir revenir. Surtout il connaît, il a retenu le point de départ.

L'aliéné, lui, ne connaît et ne trouve aucune

cause à tout cela et n'a pas pu vraisemblablement en observer clairement le début.

Il se sent sans raison devenu autre, autre parmi les hommes, autre à lui-même, son corps déplacé, presque d'un autre.

Il bute sur cette absence-présence qui a quelque chose d'invraisemblable, d'indéfinissable. Son corps il continue à le voir, mais, contrairement à ce que pense le commun, la vue est ce qu'il y a de moins convaincant. Il peut encore le faire fonctionner. Ça non plus n'est pas suffisant. Il ne peut en faire l'occupation, l'occupation par la sensibilité, la seule qui l'intéresserait, son « réel » à lui, base de tout autre réel et de la vie même, et pourtant sa vie continue, inexplicablement, seule, énucléée.

L'absence de son corps présent ne cesse d'être intrigante, d'être insupportable, d'être persécutante. Elle lui gratte l'esprit sans arrêt, absence qui ne permet plus à rien d'être normalement présent. Comment être encore devant quoi que ce soit ? Il faut être solide pour être devant.

Dans cette surprenante soustraction, faite de beaucoup de petites soustractions, il est seul. Seul comme il n'a jamais été. Comme personne (pense-t-il) n'a jamais été. En effet, c'est particulier comme il est seul. Seul sans solitude. Il n'est plus préservé par le « nous », l'entre-nous de l'homme et de son corps. Lui, il est vraiment seul. En exil, sur place. Dans une solitude dont le solitaire n'a aucune idée. La solitude de cette banlieue ne se compare à rien, est une injustice, un scandale. A côté d'elle la solitude d'un méditatif est un palais. Celle d'un gueux même est un nid, pouilleux, mais nid quand même. Ici, pas de nid. Solitude sans jouir d'être seul. Par impossibilité de rejoindre sa base. Isolement sans abri. Impression qu'il faut avoir connue pour savoir à quel point elle est désarçonnante. Impression seulement[1]? Et comment s'y habituer?

Avec son corps, il a perdu « sa demeure ». Il a perdu toutes les demeures; il a perdu la jouissance du phénomène « demeure », il en a perdu le recueillement et presque l'idée. (Dans les dessins de fous on voit constamment la tentation désespérée de récupérer la *demeure,* pour « *se* » récupérer soi-même.) Ayant cessé d'être signifiante, toute demeure se dissipe autour de lui tout en restant là. Une demeure (cabane, chambre, terrier ou nid) n'est que la réalisation au-dehors de cette impression d'intérieur que l'on a de son propre corps. De même que l'on jouit sans interruption de son corps, sans arrêt aussi sa pensée à lui tourne maintenant autour du corps

1. Pourrait-elle correspondre à une certaine enveloppe énergétique, qui nous couvre, encore à découvrir, et qui serait ici réellement atteinte?

soustrait inexplicablement, d'une soustraction qui n'a pas de nom, d'une soustraction méchante, comme un « tu ne rentreras pas » proféré indéfiniment. Et la pénitence dure, venue sans raison, demeurant sans raison.

Depuis des siècles, depuis des millénaires, en tout lieu, en tout pays, l'aliéné s'est plaint. Il dit qu'il est à côté de son corps. Que son corps est ailleurs. Qu'on le lui a volé. Qu'il porte un cadavre. Que son corps est creux. Qu'on le lui a changé. Qu'il est un mort vivant. Il dit comme il le peut, avec des moyens souvent minces, pas du tout préparé à l'introspection, une introspection tout à coup devenue indispensable, il dit (désignant ainsi justement la suppression des impressions de poids), il dit qu'il ne pèse plus rien, qu'il est un ange, qu'il n'est plus qu'un ballon ou une balle et, plus juste encore (transposition frappante du manque d'opacité et de masse qu'il éprouve), qu'il est transparent, qu'il est en verre ! Et il a peur de se briser... Il dit aussi qu'il est vide, qu'il est changé en poupée, qu'il n'a plus d'organes, plus d'intestins, plus d'estomac, qu'il ne doit plus par conséquent manger, qu'il est artificiel, qu'il est truqué, qu'un autre occupe son corps... et ainsi de suite.

Il dit plus vrai que vrai à des gens qui ne

savent pas reconnaître la vérité, desquels vainement il essaie de se faire entendre. Il n'est pires sourds, on le sait, que les possédants. En tout domaine, la privation est ce qu'on peut le plus difficilement rendre sensible à ceux qui sont nantis. De plus il emploie un style poétique, langage de base, auquel son état désastreux l'a fait revenir, mais que les autres ne comprennent pas, ne tolèrent qu'exceptionnellement et seulement en tant que « spécialité ». Plus grave encore, il le vit. Il réalise la métaphore, il se laisse fasciner par elle. Martyr d'une analogie trop sentie, trop subie. Il ne sait pas se retenir, ce que savent si bien les poètes de profession qui passent de l'une à l'autre. Lui, il est dans le profond caveau d'une seule.

Pourquoi, mais pourquoi n'arrive-t-il pas à rentrer dans son corps ? Il doit bien y avoir une cause, un pouvoir pas ordinaire qui agit sur lui, pour réussir à le soumettre à cet horrible inhumain traitement. Et, faisant son travail d'homme utilisant sa raison, il se pose des questions. Il doit bien exister des moyens inconnus, mais pas de tous, qui empêchent un homme de posséder son corps. Quels moyens ? Il ne le sait pas. Il ne sait pas tout. Le tragique, c'est que d'autres savent, des gens très forts, très savants, très avancés.

Dans l'état « autre », l'explication et le raisonnement débouchent naturellement dans la « persécution ». Sa condition malheureuse qui ne cesse pas, inapparente aux autres et intraduisible, est en fait « une persécution » et combien maligne. Qu'il est assailli, c'est la vérité pure. Il subit des assauts, mystérieux, invisibles et incompris des autres. Cela le persécute. Qui détient cet extraordinaire pouvoir sur lui ? L'aliéné met parfois des années avant de pouvoir désigner son ou ses persécuteurs, parfois ils ne seront jamais désignés clairement. Généralement, ignorants comme gens instruits aboutissent pareillement dans la folie à incriminer des sociétés secrètes, des êtres surnaturels, paranaturels, qui agissent à distance, par magie, par fluides, par rayons. Réaction saine en quelque sorte. L'hypothèse à essayer et qui s'imposait dans des circonstances aussi singulières. *L'idée générale de persécution* l'envahit, vient de toutes parts, véritable idée-carrefour que tout étaie [1]. Une autre l'accompagne (ou la précède), qu'on pourrait appeler *délire d'imposture* ou *idée générale d'imposture*. L'étranger qu'il est à lui-même rend aussi les autres étrangers à lui.

Il ne reconnaît plus les familiers. Il se sent

---

1. Dans l'état de fermeté diminuée où il est, il serait incapable de faire face à une hostilité déclarée, à quelqu'un qui lui voudrait du mal, à une action tant soit peu élaborée, à une persécution. Il la prévoit, il l'appréhende. Il la préfabrique. Hypothèse à ajouter aux autres, mais douteuse et qui rendrait compte plutôt de la méfiance délirante.

étranger. Il sent « étrangers » ses parents, ses connaissances. On les lui a changés. Prodigieux, mais vrai. Impossible, mais certain. Ses frères, sa mère, sa femme, ce ne sont plus eux. D'où vient qu'on lui propose toujours de faux parents, d'ailleurs assez bien imités, presque à s'y méprendre[1], mais qui tout de même ne peuvent tromper celui qui les a connus de longue date et pas seulement en passant ? Et pourquoi feignent-ils d'être ceux qu'ils ne sont pas ?... Qui, et dans quel but, monte cette immense histoire de faux ? Des agents provocateurs ? Mais...

Le malheur, le problème de l'aliéné est que constamment il se trouve devant une énorme, prodigieuse affaire insensée, car enfin ces gens-là sont faux. Parents d'il ne sait qui, mais pas de lui en tout cas. Irrécusable impression[2]. Sa tragédie le met constamment en présence de choses et de faits insensés.

---

1. Un malade, dans son autobiographie après guérison, raconte qu'en trouvant si faux un individu qui venait fréquemment lui rendre visite, se disant son frère, et pourtant si différent, quoique assez bien grimé, il lui envoya, pour s'en assurer, un message à une adresse sûre, secrète, et par une voie détournée qui lui disait : « Si c'est réellement toi, mon frère, viens avec cette lettre à la main », ce que fit celui-ci, par quoi, enfin, le malade fut persuadé. Croyant le fait ainsi vérifié, acceptant de ne plus écouter le témoignage de ses sens, quoi qu'il lui en coûtât.

2. Cette impression éprouvée dans la plupart des drogues dure rarement assez d'heures, encore moins assez de jours, pour poser un problème. Mais l'aliéné en qui elle ne cesse plus n'a-t-il pas raison de s'appuyer sur elle (et d'y prendre garde) ? L'impression n'est-elle pas ce sur quoi en priorité tout le monde s'appuie, a raison de s'appuyer ? Ce n'est pas avec des raisonnements que l'on reconnaît quelqu'un, ni soi-même.

185

Aliéné aux siens. Aliéné à l'entourage.

Que de questions vont s'ensuivre...

Autre correspondance. Ne plus percevoir vraiment le château de son être[1] est aussi ne plus percevoir les objets comme avant. Dans leur densité, leur lourdeur, leur fermeté (oui !), leur inamovibilité, leur résistance à être autre chose que ce qu'ils sont, chacun à part. *Leur valeur objectale* a diminué. Leur indépendance objectale. Avec le sentiment de *sa* masse, il a perdu *leur* masse, l'imagination et le sentiment de toutes les masses. *Aliéné à lui*, il est *aliéné aux objets*, les *objets aliénés à lui*. Il ne peut plus compter sur eux. Vides à la fois et rayonnants. Mal remplis. Disponibles. Manquant de matérialité. L'aliénation objectale a commencé, sorte de détérioration, de dégradation objectale. Dans les moments d'abandon terrible qu'il connaît, il ne peut se reposer sur les objets, sur leur matière pour la foi au monde solide dont il aurait tant besoin. Ils ont en quelque façon déserté. Il n'y a plus pour lui si grande différence entre le vide et le plein. Tout le plein est vide et le vide est plein, la chambre déserte est surhabitée. L'objet insuffisant est prêt pour n'importe quelle image un peu forte, qui s'y placera, devenant vision, hallucination.

---

1. Il y a peut-être autant simultanéité que cause. L'ensemble de l'éprouvé se défait, en aires irrégulières et avec fluctuations.

2

CHAOS.
TRAGÉDIE DE L'INTENSITÉ.
VISIONS INTÉRIEURES.
VISIONS HALLUCINATOIRES.

Celui qui a pris une drogue hallucinogène, et celui qui n'est victime que de la drogue sécrétée en son corps par ses organes mêmes, l'un comme l'autre il ne sait quoi de mouvant le traverse, fait de multiples, insaisissables, incessantes modifications. Fini le solide. Fini le continu et le calme. Une certaine infime danse est partout.

Si l'étrangeté n'est que pour quelques heures, et parce qu'il l'a bien voulu, il s'y intéresse. Voir les objets, plus légers, plus éloignés, plus longs ou paraissant s'allonger, ou se rapprocher, et s'éloigner rythmiquement, plus jolis, légèrement trémulants, plus éclairés, plus « vivants », plus parlants, plus imposants et singuliers, c'est étonnant, merveilleux. Il est au spectacle. Il s'est drogué pour être à ce spectacle qui, même s'il devient excessif, va dans peu d'heures s'atténuer et revenir au naturel à présent regretté.

L'aliéné permanent et involontaire, ces spectacles ne l'intéressent pas. Il voudrait en sortir, il voudrait échapper. Il voudrait comprendre comment on a pu arriver à lui changer le monde entier et lui-même, et si mystérieusement qu'il n'arrive jamais à mettre le doigt sur ce qui fait la différence (quoiqu'il y en ait mille de différences) et encore moins les faire « constater ». Mais, fou d'une heure ou de dix mille, l'un comme l'autre est à présent dans le même mal : dans une même inexplicable mer, une mer agitée omniprésente, dont il ne peut sortir, partout ondulante, une façon d'être mer lui-même autant que dans la mer ou traversé de mers, une mer des choses, du temps, de l'espace, monde nouveau à trop de variables, où l'idée est dans la houle, où l'observation et le jugement sont dans la houle, où les choses et les coordonnées sont dans la houle, et simultanément dans de menues et presque imperceptibles, imprécises variations-ondulations qui abondent, qui surabondent, qui harcèlent l'esprit, l'empêchent de sortir du phénomène « ondes » où tout vacille, oscille, est tumulte inouï, sans frontières, sans délimitation, envahissant tout, mais qui demeure secret et impondérable, saccades appelant les saccades, tumulte qui rend tout tumultueux et rend agité et pousse à s'agiter, à s'agiter pour s'agiter, et fait déraper et glisser l'esprit dans d'incessantes dérives.

Trouverait-il l'impossible équilibre du bouchon sur l'eau agitée (mais dans cette intensité il n'en est pas question), il n'y aurait qu'un point de gagné, de rendu tolérable, un seul parmi tant d'autres également dépaysants.

En effet, dans cet ébranlement vaste et subtil où les choses et leur poids viennent de couler en un si stupéfiant naufrage, dans cette désappropriation générale de soi et du monde, dans ce tremblement où tout se détériore et devient dérisoire, dans ce vaste frisson dont il ne cesse d'être dépendant, dans cette mouvance réductrice de réalité et de permanence, où s'annule toute fermeté, toute sécurité, voilà qu'au contraire, voilà qu'en même temps, surrections prodigieuses du panorama intérieur, les images visuelles cessent d'être grises, se détachent, s'accentuent de façon inversement proportionnelle à la défection du reste, prennent des couleurs, de l'indépendance, de la prépondérance, de la puissance de frappe et de pénétration et de persistance. Les voilà subitement devenues importantes, intenses, excessives, offensantes, traumatisantes. La tête du malheureux soudain trop habitée devient une salle de cinéma aux films impromptus qui affolent, fatiguent, occupent, emportent, interrompent. Le drogué s'y extasie. Point l'aliéné. Victimé par l'image, par ce cinéma forcé, qui ne rime à rien, il voudrait se garer du bazar d'images en coq-à-l'âne qui ne lui permettent plus de rien suivre et le hachent d'infimes infinis sursauts. Face aux images qui déboulent, partout déboulent, veulent trouver une place dans l'avalanche des brillances, des lueurs, des éblouissements, métamorphoses plus que films, kaléidoscopes plus que films, et, plus que tout, décharges. Que faire ? Comment faire ? Et l'obscurité les ramène plus éblouissantes, plus fulgurantes, plus migraineuses. Il est à découvert. Vulnéré sans arrêt, il est comme si en plein midi il n'avait plus de paupières. Le voici dans le drame des intensifications soudaines. Il en est dix, vingt, toutes redoutables, toutes le poussant par leurs conséquences loin de la vie normale. Il n'est encore que dans la tragédie de l'intensification des images.

Le cerveau est un organe réglé de façon que l'image intérieure que l'on garde d'un spectacle, ou celle que l'on forme est moins vive, moins colorée, moins complète que le spectacle originel ou que le spectacle réel correspondant à l'actuellement imaginé.

L'habituelle pensée-association est faite d'une liaison d'images à ce point effacées qu'elles n'arrêtent plus mais permettent avec aisance leur glissement relativement abstrait.

Dans l'état second, l'image, à l'inverse, tout à coup resurgie de l'abstrait, revient en force, est là, admirable, violente, substituée à l'idée, ou au souvenir vague, se place, se colle sur le devant de la scène que chacun porte en soi derrière son front.

Inouïe son apparition !

Mais que va devenir celui qui a pareille vision intérieure et qui va en avoir, se succédant à toute allure, des milliers d'autres, véritable barrage optique ?

Le mécanisme d'atténuation qui mettait tout à l'effacement ne fonctionne plus. L'aliéné ne se repose plus dans l'atténué. Il ne saura bientôt plus ce que c'est. Ici, tout va vers le paroxysme. Hallucinations par le plus et « du plus ». Les visions, ce seront les plus brillantes, les plus éblouissantes. Les odeurs hallucinatoires, ce seront les plus pénétrantes, souvent les plus puantes, les plus offensantes ; les voix imaginaires, ce seront les plus pressantes, souvent les plus emportées, les plus décidées à n'être pas amies du malheureux qui les subit ; le toucher, le senti imaginaire, ce seront des rampements, des brûlures, des secousses électriques, etc.

Des résidus enterrés dans la mémoire resurgissent de toutes parts, pétarade sans bruit mais violente, violatrice, émiettant le peu de repos qui lui restait.

S'ajoutant à la révolte et à l'emprise des « petits » et à la déroute du « commandement », la toute nouvelle persistance des images apparaît

191

qui n'est pas qu'une impression [1], mais une des plus réelles et fâcheuses accentuations intérieures. Résonance visuelle. Folie par rémanence. Un tableau, une photographie rencontrés au hasard par le regard s'impriment en lui, ou une de ses parties constitutives, et jamais la plus apparemment importante, s'imprime en lui, se cale, se maintient, s'enfonce par une sorte de marteau-pilonnage mécanique. Arrive-t-il dans un sursaut à s'en débarrasser, à s'en distraire en passant à une autre, cette nouvelle alors ou une partie de cette nouvelle (mais il faut qu'il y en ait une) semblablement va fixer en lui l'insupportable suçoir de sa présence prolongée dont il enrage ou s'effraie de ne pouvoir se libérer, infernale chambre d'écho dont il ne sortira plus.

Insupportable mécanisme de prolongation des images, images-ventouses, dont il devient la proie impuissante, comme un ventre nu offert à des taons, à des sangsues ou à des rongeurs.

Et tout ce qui peut s'évoquer sans qu'on s'en doute et qui ici surgit éclatant! Comment le

---

1. « Dans la mescaline la durée de la post-image augmente de cinq à vingt fois. » *Le Mécanisme des troubles perceptivo-associatifs en rapport avec l'origine de l'hallucination et du délire*, par le professeur K. Agadjanian, Éd. Peyronnet, Paris, 1946.

Observations et expériences capitales faites sur des étudiants, requérant beaucoup d'attention, de maîtrise, de contrôle et d'esprit de collaboration — et malheureusement, par là, sans doute impossibles sur ceux qui ont « lâché », qui vivent et entendent rester « de l'autre côté ».

savoir ? Comment le prévoir ? Comment empê-
cher l'évocation, la fatale « imagification » ?
Comment écarter les images, une fois là ?

Que ne donnerait-il pour savoir les détacher !
Mais il ne sait plus. La si facile opération que
savent les enfants, les vieux, des malades, les
mammifères sans doute les plus modestes, il ne la
sait plus ou ne la peut plus, elle ne se fait plus. Il
la commande en vain. Persécution continue.
Toujours persécution !

Une plus redoutable le guette. Il n'y a pas que
l'image. Il y a l'autour de l'image.

Oublié, ignoré, inaperçu jusque-là, *le sentiment
de présence,* lié à la plupart des sensations, le
sentiment de présence subissant également une
augmentation, une intensification intempestive,
va donner aux images mentales une présence
réelle, et même une présence surréelle, va donner
l'hallucination. Le prodigieusement beau et le
prodigieusement effrayant apparaîtront. Les voix
aussi, les bruits et les odeurs évoqués devien-
dront présents et plus que réels. Tout ce qui lui
passe par la tête peut devenir du réel maintenant,
du réel extérieur, mais surtout ce qu'il redoutait
ou désirait secrètement, tout ce qui hantait sa
tête en silence maintenant peut apparaître et le
tenir subjugué. Des présences sans corps, sans
matière, rôdent aux alentours. Le spectacle hal-
lucinatoire enfin apparaît.

Il ne peut le chasser, le rejeter, le laisser là comme un objet ou un spectacle réel, qu'il regarde, ne regarde plus, auquel il revient, dont il se détache, curieux, ou distrait. Il ne peut se détourner de cet extérieur-là : qui tient sa vie de lui. Un cordon psychique les unit l'un à l'autre. Il demeure sous l'attrait.

Parfois il est comme à égalité avec l'hallucination, elle d'un côté de la bascule, et lui de l'autre. Il peut faire basculer de son côté, ou du côté hallucination. Cela lui appartient encore. Ou encore, le spectacle hallucinatoire étant là, une part en lui échappe à la séduction, et ainsi, s'il ne peut refuser de le voir, ce spectacle, il peut refuser d'y croire.

Mais le plus souvent la puissance d'envoûtement est là, immédiate, et comme un capuchon l'enferme instantanément, le laissant sans résistance.

Bien avant déjà il a senti comme une force qui rôdait, force, si je puis dire, d'*apparitionnement,* ou tendance à apparitionner. Elle est à la fois autour de lui et en lui comme une émanation. Quand cette émanation est là, toute apparition peut surgir. Elle est déjà là virtuellement. Il est perdu. Il ne pourra se dérober à elle. Il le sait s'il a déjà passé par là.

3

AUDITIONS INTÉRIEURES.
HALLUCINATIONS AUDITIVES.
LE PROBLÈME DES VOIX[1].

Et l'étrange accentuation continue, avec l'étrange résonance, et s'étale, augmente, étendant à d'autres secteurs ses petites collantes présences, sa puissance réificatrice et son pouvoir de rendre réel. Tout à coup, il entend parler. Mais il ne voit personne. Cependant, on chuchote. Où donc? D'où viennent ces chuchote-

---

1. A de rarissimes exceptions près (dont celle de Beringer) et qui demanderaient à être discutées et réexaminées, la mescaline visualise sons, bruits, et surtout compositions musicales, qu'elle exclut catégoriquement. Un de mes amis, pianiste professionnel, musicien entièrement absorbé par la musique, au moment, dans la mescaline, d'entendre un orchestre imaginaire qu'il observe occupé à jouer, voit une fabuleuse partition à un nombre insensé de parties, mais il ne peut entendre une note de l'inouïe symphonie exécutée devant lui.

L'effet du haschisch est différent.

Dans la mescaline, la réflexion se transforme en images ; dans le haschisch, elle se transforme aussi bien en voix et en bruits qu'en images.

C'est particulièrement étrange et démonstratif de leurs spécificités respectives que de prendre du haschisch quelques heures après la mescaline. On assiste alors à ce curieux phénomène : la mescaline commençant à virer au haschisch, des particularités du second se substituant progressivement à celles de la première. Sorte de contre-épreuve nécessaire dans l'étude de toute drogue.

ments ? Ces exclamations ? Et ces rires, à présent ?

Le problème des voix est un des plus difficiles à résoudre pour le psychotique. Tout autrement déréalisantes que les hallucinations visuelles qui, si surprenantes qu'elles puissent être, seront devant lui. Le visuel a quelque chose d'*en surface*, de limité, l'aire occupée restant en relation avec la direction des yeux au parcours restreint. Le monde sonore, réel ou imaginaire, est différent. Au lieu que les visions intérieures ne faisaient que l'agacer extrêmement, les auditions intérieures le troublent, tout autrement profondes en lui. Il ne peut y être évasif. Quant aux hallucinations auditives, elles viennent de partout, de n'importe où dans l'espace sphérique qui l'entoure. Il est cerné par elles. Où retrouver leur lieu d'émission, voici ce qu'il s'emploie à chercher, avec des résultats déconcertants, et qui auraient de quoi déconcerter n'importe qui.

La pensée-image, devenant, dans l'hallucination, uniquement image forte, image-spectacle, il la verra fatalement devant lui, il la projettera devant lui. La pensée parlée, la réflexion devenue parole et son, tant elle est forte, est autrement *phénoménale*. Elle vient de l'épaule, dit-il. Du cou, dit un autre. Du ventre. Parfois de derrière lui, ou du mur. De l'épaule ou d'un meuble ou du plafond. Absurde ! Non, c'est la vérité. Il la dit comme elle est. Les voix hallucinatoires donnent des impressions de ce genre. Inhabitué à une impression de sonorité pareille, en sa tête, forte et qui ne vient de nulle part, il se réoriente comme il peut, la situant en distance et en direction selon son intensité plus ou moins claire ou étouffée, la localisant ainsi en des endroits où il n'y a, et ne peut y avoir personne, dans une table de nuit, dans une lame de parquet, ce qui le laisse à la fois convaincu et perplexe.

Ce qu'il entend n'est pas pour l'éclairer ! Si le dérèglement intérieur est peu accentué, ce sont des chuchotements assez confus. Il ne distingue pas les mots. Mais les phrases sont du tout vrai, du « vécu ». Impossible de s'y tromper. Ce sont des conversations. Les voix tantôt s'intensifient, nettement perceptibles, tantôt semblent dépérir, par un véritable fading de radio, puis raugmentent rapidement pour après s'évanouir presque, et ainsi de suite. Très, très dérangeant. Et qu'est-ce que cela signifie ? Qu'est-ce qu'on lui veut ? Comble de mystère, ces voix ne semblent pas faire grand-chose pour se faire entendre et restent entre elles ! Alors ? Mais d'autres fois, ces mots si offensants qu'elles prononcent...

La parole intérieure qui semble venir de l'extérieur, les réflexions-mots, qui retentissent comme de vraies paroles entendues, ce rapport entre le dedans et le dehors apparent ne devrait pas être tellement difficile, en tout cas pas impossible [1] à remarquer. Si. Il l'est. A cause, entre autres raisons, du remarquable, inattendu et absolument général phénomène de théâtralisation de la pensée (théâtralisation naturelle quoique ordinairement effacée, à quoi nul n'est préparé) [2]. De ce fait, la réflexion (qui est une sorte de voix diminuée au maximum) au lieu donc de passer de l'état neutre et effacé à un état audible et sonore mais encore neutre (ça peut-il exister une voix neutre?), devient une voix particulière. C'est une voix *incarnée* qu'il entendra, et pas la sienne, ni même sa voix modifiée [3] comme elle le serait par le disque, ou le téléphone, mais une voix nouvelle créée en accord [4] avec l'humeur, non avec son humeur générale, mais l'humeur correspondante à cette réflexion-là, qui est sa contre-réflexion subconsciente (et ainsi il entendra une voix de gamine si la réflexion était railleuse, de clergyman si elle était vaguement

1. Il arrive qu'en gros il convienne que les voix partent de lui-même — mais un peu comme une hypothèse à retenir, et sans pouvoir suivre le détail désordonné du phénomène, sans y trouver la preuve décisive.

2. Pour moi (sous l'effet du haschisch) ce fut une surprise parfaite. Auparavant j'aurais juré ce phénomène totalement inexistant en moi.

3. Jamais je n'entendis une voix qui, même de très loin, pût correspondre à la mienne, et j'en ai entendu clairement des dizaines.

4. Ou, nouveau dévoiement, un accord forcené, drolatique, à effets, et approximatif... Parfois, comme un essai fait sans conséquence et avec amusement, autre tour joué par le subconscient, et qui augmente la difficulté de recherche et de reconnaissance.

admonestatrice, ou de dame patronnesse, ou d'un voyou si elle était protestataire, d'un sous-officier si elle était brutale ou énergique, etc.). C'est extraordinaire d'étrangeté. Voix toujours réelles, voix qui existent, qu'il a entendues ou entr'entendues quelque part, mais dans des circonstances si différentes, en passant dans la rue, en voyage, et qui s'adressaient à d'autres, telles enfin qu'il ne peut ici se les remémorer consciemment, dont l'accent seul et véritablement rien de plus parfois convient ou disconvient particulièrement par une sorte, si je peux dire, d'antiphrase, ou encore de contrepoint-farce, à sa pensée subconsciente du moment. L'aliéné, fasciné par cette apparence, qui semble tout ce qu'il y a de plus réel, continue à chercher au-dehors à qui peuvent bien appartenir ces voix qui ne le laissent pas tranquille et qui ne peuvent être loin, voix multiples, qui changent, qui le mènent de tous côtés (les voix, le « physique » de ces voix, et leurs différences, plus que ce qu'elles disent) et le désorientent [1] par désorientations successives,

---

1. Et moi aussi je cherchais où, ces voix inventées dans l'instant, où donc j'avais pu en entendre de pareilles et comment j'avais pu bien les retenir et les imiter instantanément, moi qui n'ai ni la mémoire, ni le moindre talent pour ce genre d'évocations. Ne serait-ce pas par une sorte de jeu, me disais-je encore, que je place une voix si pointue sur une réflexion ? Trois mois après je découvre que c'est la voix d'une voisine que j'entendais l'an dernier dans un proche jardin appeler les enfants, voix en fait assez désagréable (pas seulement pour moi), et dont je me débarrassais ainsi à la première occasion ;

indéfiniment distrayantes. Avec sa pauvre attention, il arrive toujours trop tard. Il y a comme une moquerie partout à l'égard du chercheur.

Mais supposé la difficulté une fois résolue, que d'autres subsisteraient! Il entend rarement un discours clair. C'est presque toujours *interruptif* du genre « pas d'accord! Menteur! Rapporteur! » et autres petits bouts de phrases souvent bredouillés. Et le tout (c'est-à-dire ce décousu, cet entr'entendu) rendu inégal en plus par suite des continuelles variations d'intensité qu'il va imaginer tenir à un éloignement ou à un rapprochement de ses ennemis, ou bien à une animation psychologique, colère, impatience, surprise, quoique les deux ordres de faits ne coïncident presque jamais — quelques fois tout de même, quelques rares fois qui le convaincront.

Il est des pianissimo soudains, et, après des passages ordinaires, et sans aucune préparation dans le sens ou dans l'humeur apparente, un fortissimo écrasant et répété quatre, cinq, six fois, qui laisse tout pantois et hors combat, hors réflexion. Que comprendre à ça? Lui il cherche

elle n'était pas, en effet, parfaitement accordée à l'esprit de la réflexion, ce n'était qu'une approximation, un jeu imprécis, un choix faute de mieux. Autre difficulté. Autre relance dans l'absurdité et dont un psychotique en difficulté ne peut, évidemment, trouver l'explication, qui à moi-même me demandait des heures de recherches et de retours en arrière, c'est-à-dire d'efforts.

toujours à comprendre. Que ne comprend-il alors au moins quand une pensée vaguement consciente s'achève en voix, en voix d'homme. Ici peu de décalage, il [1] va comprendre et il en devra être éclairé sur les origines de ces voix et, partant, tranquillisé. Eh bien, non; à cause de la déréalisation que procure ce phénomène même de réalisation intempestive. La demi-réflexion du début reste en l'air d'un côté, la voix étrangère achevant la demi-phrase, de l'autre côté. En l'air, l'une et l'autre. Il faut pour comprendre la situation et lier ces deux éléments disparates, ces deux bouts de nature si différente, un retour énergique et volontaire, dont dans ces moments le légèrement drogué même est presque incapable et l'aliéné tout à fait. Il *vit* la situation d'homme qu'une voix appelle ou contrarie, ce qui commande une attitude à part (non plus celle de spectateur à un spectacle ou de lecteur à une lecture). Autre difficulté à reconnaître les voix

---

1. Mais une voix étrangère sera toujours extrêmement dépaysante. Moi-même, dans l'état second du Ha, j'avais beau faire la preuve presque du passage de la réflexion à la voix hallucinatoire, j'avais beau, dans le propos entendu, avoir retrouvé l'origine presque indéniable de la réflexion entamée et que celle-ci achevait, je ne pouvais les sentir liées. Ainsi, un écriteau qu'on apercevrait portant « Attention au   » et qui soudain disparaîtrait, et à sa place apparaîtrait un animal qui sortirait en aboyant, aboyant, eh bien, occupé maintenant du chien animé et furieux, on s'écartera précipitamment, et l'on ne prendra pas ce danger, ou cet effroi, pour un mot qu'il faut lire « chien ». On aura peur. On est dans *la vie*, dans une situation nouvelle.

pour ce qu'elles sont : les voix qu'on entend ne sont jamais ou presque jamais la réflexion principale qu'on se faisait (et qui s'interrompt pour se mettre en voix audible) ; non, ce sont des réflexions adventices, souvent insignifiantes, auxquelles soi-même on n'accorderait aucune importance, qu'on ne remarque que si on est à l'affût, ce sont celles-là qui se font « entendre », et même alors pas très fermes, ni très formulées, ni très intéressantes, mais dites à la volée (ou en riant). Parfois ce sont des contre-réflexions, d'une contradiction innocente, amusée et cocasse, pas [1] bien méchantes, surtout gênantes, et qu'à la longue on accuserait, les entendant sans cesse, d'empêcher de penser, et qu'il accuse, lui, d'avoir été placées là à cet effet pour lui faire « perdre le fil [2] ». *Viol* humiliant, à cacher, plein de malignité. Ce n'est pas encore une révolution. Elle va

---

1. Il en existe de plus faibles encore. Mots en écho, qui font songer à une espèce de farce très primaire, comme celle que pratiquent des écoliers qui répètent sans commentaires, et comme une scie, les mots ou la dernière syllabe des mots qu'un surveillant a prononcés, sorte de degré archaïque du sabotage.

2. L'intelligence s'emploie à dévêtir l'image aussitôt de ce qui n'est pas utile à l'intellection, à l'en abstraire, à la rendre grise à souhait et à rendre les voix aussi grises et inaudibles que possible. La drogue et la folie font l'inverse, font de l'abstraite réflexion une réflexion entendue. Elles la « réalisent », la rendent présente en voix et en images. Qui ne les a subies ne peut savoir à quel point ces voix sont réelles, indiscutables, dépassant en réalité les autres réalités. Par une sorte de collage à soi, tout différent des autres réalités, presque à volonté, on peut, ou considérer ou laisser *en dehors*. Les voix sont une réalité qu'on ne peut laisser au-dehors.

venir avec les véritables voix d'*opposition* (mais seulement quand l'état second et le subconscient sont dominants).

Quelles sont donc ces voix d'opposition ? Dans l'écoulement incessant du penser, il y a une allée principale et beaucoup de secondaires, de tentatives et commencements de secondaires coupés et rejetés à mesure. Il y a un passage régnant et les sacrifiés. Gouvernant qui se défend, l'homme fort fait place seulement à ce qui lui convient et donne la préférence à un mouvement d'ensemble qu'il patronne. La pensée dominante se conduit alors en maître et étouffe les voix des autres. Écartés ! Sacrifiés ! Les écartés ici relèvent la tête. Il les entend. Il entend des voix de récriminateurs, de réclamateurs, de contradicteurs, de railleurs, de médisants, d'envieux [1], d'*insatisfaits*, de méprisants, d'opposants occasionnels, non constitués en personnalité profonde, venus du moment, de la phrase, créés par un subconscient automatiquement en désaccord. Véritable prolétariat que chacun, par sa conduite dictatoriale, a en soi, caché.

Ces voix qu'il entend ne marchent pas avec lui,

---

1. Voix embrouillées aussi, allant en tous sens, dans cette pauvre démocratie toute nouvelle mais qui ne sera jamais bien installée, chacune n'ayant droit qu'à une demi-seconde ou à un quart, à deux secondes au plus, chassée par la suivante, éperdue de se manifester au moins un instant, de dire son fait à celui qui a perdu le contrôle et le pouvoir de contrainte.

se moquent, l'accusent, tiennent des propos abominables[1].

Le principal parleur en homme, le principal penseur, le principal pour agir et décider, passe ou passait sur leur ventre. (N'est-ce pas cela un salaud... comme elles l'appellent maintenant à voix haute... ?)

En plus, tricheur, faisant l'innocent comme s'il ignorait tout de cela.

Comment le psychotique ne crierait-il pas à la réalité de voix aussi vraies, et qui le concernent et le connaissent (mais par l'autre bout)? Comment n'en serait-il pas désorienté? Et plus la force de domination mentale est faible, plus elles deviennent fortes et font une opposition forte.

Là, plus que partout ailleurs naît, et s'installe la peur et l'idée générale de persécution. Ses

1. J'en ai connu aussi qui étaient voix d'applaudissement, mais peu. Il n'aurait pas fallu s'y fier. Elles vous surveillent sans trêve, pensées d'accompagnement, d'insoumission au trajet pensant principal. Certains ont leurs voix mégalomanes tandis qu'eux restent gênés, brisés, ne se laissent pas vraiment entraîner. On sous-évalue le supplice qu'est indéfiniment pour un aliéné d'entendre proférer jusqu'à sa mort un commentaire à voix haute, ronchonneur, discordant, dépréciatif, sorte de chœur antique, dévoyé, invisible, mesquin, bourgeois, perfide, à qui rien, rien n'échappe, haie traîtresse le long de laquelle il doit avancer indéfiniment.

L'accompagnateur applaudisseur est extrêmement détériorant parfois. Tel malade inactif, qui ne peut plus rien faire, est noté comme « satisfait de lui-même ». Il l'est, mais pas nécessairement comme on le croit. Il s'agit souvent d'un double qui le paralyse. Il entend une incessante voix d'approbation. Il est deux. Il reçoit le témoignage d'approbation. Il est approuvé de l'intérieur. Il ne s'approuve pas. Il *est* approuvé. Dangereux approbateur qui ne lui laisse plus une minute pour se dégager, pour agir, pour vivre.

personnages secondaires le persécutent et l'accusent d'être méprisable, ignorant, immoral, d'être un ignoble individu, d'être un pauvre type, un hypocrite, enfin tout ce qu'il est, que chacun est et que seul le malhonnête individu appelé honnête homme à bonne conscience ne reconnaît pas. Celui qui entend toutes ces voix récriminatrices est un homme qui n'a plus assez de force de contrainte pour permettre à l'hypocrite qu'il est — comme tout homme — de continuer à dominer sans entendre les protestations. Tel est l'aliéné. Ses morceaux, son peuple, ses *minorités* l'invectivent, le bafouent. Quoiqu'il ne voie pas clairement quels sont ses contradicteurs et que, les entendant, il les cherche au-dehors, il sait, il sait obscurément qu'il les mérite. Il a commis, il commet encore dans l'instant *le péché de les ignorer*. Il pratiquait depuis toujours la volontaire ignorance. Les voix accusatrices, celles qu'il ne peut plus fuir, le tiennent maintenant[1].

---

1. Il y a toujours deux façons générales de voir un acte ou une idée, un sentiment : en son aspect de grandeur ou en son aspect de mesquinerie, de petitesse, d'ignominie. Notre bas peuple choisit toujours ce dernier que le personnage principal ne veut pas voir, ne veut pas inclure. L'homme honnête n'existe pas. Il est décidé à ne pas voir le duel de vérité. Ne cherchons pas ailleurs, dans je ne sais quel Moïse ou quel Adam, le sentiment de la faute. Faute originelle s'il en est que celle que tout homme depuis ses six ou sept ans commet, dont personne n'est tout à fait innocent.

Étrange monde renversé par les voix. Quelqu'un est entré en lui. Si ce n'était que quelqu'un ! Elles sont dans la pièce. Le surveillant sans arrêt. Plus assommantes encore que méchantes. « Ça cause, ça parle de tout, une vraie T.S.F. », Baruk, *Traité de psychiatrie*, p. 923.

Un autre phénomène qui peut bouleverser est que la voix paraît savoir des choses ignorées du psychotique lui-même et qu'elle lui révèle. Ces compartiments divers, du subconscient, et du conscient, ont ici des relations nouvelles.

L'être est tout en cloisonnements. Le subconscient surtout est cloisonné. L'état second montre constamment des parties qui s'ignorent les unes les autres, qui ont et gardent leur savoir propre. Ce qui surprend toujours, c'est le subconscient savant [1]. On ne veut y croire. L'énorme activité à demi cachée de l'esprit devient ici évidente.

Le subconscient n'est pas ce que certains pensent, une sorte de réserve dormante, contenant les secrets d'autrefois.

Le subconscient est actuel, actif, prodigieusement actif, et reçoit un ravitaillement quotidien. A chaque minute, à chaque instant, on refait du subconscient. La principale tâche de l'homme est même de mettre en subconscience incessamment tout ce dont il n'a pas besoin, ou qui le gêne, ou dont il ne prend pas la peine de faire le tri ou l'élucidation.

Ce n'est pas sans raison, peut-être, que ce qu'on entend le plus souvent en hallucinations auditives, ce sont des voix confuses, des propos indistincts, du donné innombrable dont le

1. C'est ce qui éberluait les exorcistes du Moyen Âge (mais il s'agissait d'états seconds plus achevés et de dissociations plus poussées). Plus elles sont profondes, plus profond est le savoir.

conscient s'est débarrassé dans le subconscient faute de pouvoir l'utiliser. On se croirait dans un hall de gare, passant entre des groupes aux conversations vaguement remarquées, qui ne nous concernent pas, desquelles il importe pour notre tranquillité que nous restions en dehors. Voilà qu'ici malgré soi on est rentré dans la foule.

D'autres processus d'intensification sont en route.

La conscience (le sens de la situation) n'est plus cette sorte de plaine où se fait connaître le monde et soi-même par des signaux modérés, c'est à présent une sorte de pays accidenté où en éblouissements, en falaises instantanées, en stridences, il reçoit des signaux qui ne veulent rien dire, signaux dévastateurs de paix, éléments de la grande et polymorphe révolution contre sa souveraineté.

4

HALLUCINATIONS DU GOÛT,
DE L'ODORAT
ET DE TOUS LES SENS.
BABEL DES SENSATIONS.

Sensations en liberté. Étrange émancipation que celle-là, mais pour lui une étrange agression, venant d'il ne sait où, venant de partout le désorienter, lui embrouiller sa situation déjà si éparpillée.

Tout à coup on le touche. Il sent sur son corps des rampements. On le griffe. Une bête mouillée et froide se traîne sur lui. Un sifflement sort du plafond. Tiens, ça venait tout à l'heure du siège de la chaise. Des fluides le traversent. Comme des vents débouchent sur une grand-place de village, des fluides passent en lui. Et on le chatouille! C'est extravagant, c'est ridicule. Qui supporterait des chatouilles comme ça, n'importe où (et pas n'importe où)? Ah, cette abominable indiscrétion corporelle! Aliénantes sensations. Des courants électriques lui partent dans les jambes. Voilà des décharges dans les mollets à présent, et pas légères et pas une fois seulement. Peut-il tout simplement accepter? Subir? Non, il va réclamer, s'insurger, il doit au moins trouver une explication, au milieu de tous ces gens qui prennent un air innocent, vraiment par trop innocent. Et des petites bêtes gluantes sur la peau... Tout ce qui peut arriver à soi, malgré soi! Contacts sans personne auprès de lui qui ait pu le toucher, mais contacts quand même et qui ne cessent de l'altérer, de le désunir, de le disperser, de le désituer, de le déséquilibrer.

Apparitionnelles sensations, aussi déran-geantes que de vraies. La voici, la Tour de Babel, la véritable, où sans cesse des milliers d'informations arrivent, raccordées à rien, intraduisibles. Lui tout entier dans cette tour. Babel du bric-à-brac, qui en la langue spécifique de chacun des sens lui parle à tort et à travers, en odeurs, en sons, en frottements, en fourmillements et en lueurs qui ne sont là que pour lui.

Cependant, nouvelle mystification, des sensations à la cause bien visible et présente, sont devenues autres. Ces bruits qui manquent tellement de naturel, ce goût de moisi dans la bouche après avoir mangé... Qu'est-ce donc que ces légumes qu'on lui sert, à la si étrange saveur, entre salée et sucrée, comme si on y avait mis du bicarbonate ou de l'alun ? Et si c'était de l'arsenic qu'on y eût versé ? Ça expliquerait bien des malaises. Et au fait pourquoi lui change-t-on ses draps continuellement ? Il eût dit de la soie d'abord. Pourquoi lui en avoir mis en soie ? Ensuite, ils paraissent être comme de la toile à sac, comme du jute. En tout sens ces sensations le promènent, lui donnent à penser, le minent. Sensations, lieu de rencontre du dehors et du dedans. Équilibre qu'il faut savoir garder avec l'extérieur, vers lequel on ne doit pas non plus aller avec trop d'élan ni avec trop peu sous peine de tout trouver méconnaissable, autre facteur d'embrouillamini qui le guette. Cependant, un nouveau dépaysement est déjà là. Étrangeté d'un autre type bien plus étrange, intime dans l'étrange. Anomalie sournoise, non plus la modification spectaculaire de la sensation normale mais, par moments, une bizarre accentuation soudaine, sorte d'alerte, sans raison, mais dont il va chercher les raisons dans les objets et les spectacles qui se trouvent d'aventure l'entourer alors, qui vont lui paraître particuliers, « désignés », hors de l'ordinaire, faisant signe. Vues alors à l'instant « détachées » des autres, comptant pour autre chose. Subtile accentuation, mue infime, qui ne dure souvent que quelques dizaines de secondes. Une vague les a apportées et voilà l'objet « cadré », mis entre guillemets et considéré alors par lui selon sa disposition comme avertissement, menace ou annonce d'un triomphe prochain. Et pas seulement les objets alors parlent. Les bruits aussi font signe. Un léger tintement, peut-être commencé depuis longtemps, se trouve cerné, en cet instant soulignant. Qu'est-ce que cela veut dire ? Qu'est-ce qu'il veut dire ? Qu'est-ce que par là on veut lui dire ? L'idée de signes qu'on lui fait s'amplifie, trouve partout sa justification. Il vit dans un monde de signes [1]. Certains, baroques, déroutants, qu'il ne peut suivre ; d'autres, légers, mais

---

1. Dans son monde incertain, transparent, les signes deviennent les seuls points d'appui.

certains, que le hasard seul ne fait pas, qu'il va devoir interpréter, ou qu'à coup sûr déjà il reconnaît. Il y aussi, inverse presque de l'action centripète des sensations venues des choses, il y a l'action dénaturante venue de lui-même, profondément et à son insu modifié et modificateur, qui va sur le monde et sur ses propres sensations porter un charme qui les rendra « autres ».

Humeur métamorphosante, issue d'une vitalité profondément altérée. Soudain ou au moins très vite (il ne sait plus comment c'est venu), lumineuses et merveilleuses et réjouissant l'œil sont devenues les couleurs. Tout en même temps a changé. N'importe ce qu'il mange et même de l'herbe, que maintenant il recherche, ou une feuille de rhubarbe crue qu'il mâche, a un goût exquis, un goût qui se prolonge et va loin comme le son du violon. Une odeur vulgaire devient parfum, devient florale et ravit son odorat, le menant au bord même de l'extase. Ce qui répugne à l'ordinaire, saleté, plaies, pus, excréments, il est à l'aise avec. Le monde est attirant. Ailé, soulevé il se sent en communion avec tout et tous [1]. Aimer, dont le contraire n'est pas haïr, c'est ne plus être dégoûté. Il n'est absolument plus dégoûté. Il n'a plus froid. Un vent glacial lui

1. Mais pas tous avec lui. Il énerve, son céleste n'étant que pour lui.

sera doux. Il se découvre. Son corps nu ne supporte plus le vêtement. L'action est facile. Souffrances ? Plus de souffrances. Céleste est devenue la terre. Des mois passent. Puis, d'un coup, il revient au médiocre ordinaire de la vie du monde et de ses sensations brusquement remises en place. Guéri.

D'un coup parfois il est dans l'exact inverse. Éteintes, livides, profondément adultérées sont les couleurs. Son teint, et le teint de tous, comme sous l'effet d'une malédiction, est devenu terreux. C'est une gêne que de regarder les visages. Plombés, et qui ne se remettront sûrement jamais. Rien n'a de goût, sauf mauvais. Il sent mauvais. Tout sent mauvais et traîne et stagne et souille. Effort lui coûte. Il a froid. Il se sent en faute. Son état est celui de la répulsion. Odeurs, ah ! ces odeurs ! Comme elles tournent toutes, inexplicablement, à la pestilence ! Il y a donc un égout tout près ? Mais pas qu'un égout. Cuirs brûlés, soufre, œufs pourris, eaux croupissantes, eaux de vaisselle, la pourriture, toutes les pourritures, celles des tripes de mouton comme des graisses rances, ces odeurs inexplicablement sont pour lui, sont autour de lui, ne le laissent pas seul. Un tas de fumier, une flaque de purin où qu'il aille l'accompagnent, qu'il doit supporter. L'infection des déjections imaginaires est parmi les plus démoralisantes, les plus désespérantes et détériorantes hallucinations, et a conduit plus d'un à s'en échapper dans la mort.

Étonnant manichéisme du monde et des sensations, qui conduit sur le chemin de bien des choses et dont certains aliénés qui en sont revenus (après en avoir subi la spectaculaire alternance) n'en sont pas revenus sans réflexions [1].

Apparitions plus souvent irrégulières, et qui le déconcertent, du pôle sinistre et du pôle des béatitudes. Mais, même quand ces deux pôles ont de la stabilité, il reste, pour sa mystification et pour son désarroi, des sensations volantes, étrangères à l'humeur dominante, des sensations francs-tireurs qui ne se laissent pas englober et lui posent des problèmes auxquels il va devoir chercher réponse, comme à ces signes qui lui apparaissent de-ci de-là, nombreux, insistants, insistants, insistants appels à compréhension, à déchiffrement.

En lui augmente l'échauffement vers l'explication. Danger ! Nouveau danger ! Danger extrême, mais il ne le verra que trop tard... et encore. C'est l'explication qui va le désigner, à coup sûr, à

1. John Custance, dans *Wisdom and Madness*, s'appuyant sur William James, *Varieties of Religions Experiences*, et sur l'expérience des crises alternantes qu'il a subies de manie et de psychose maniaque dépressive, a donné des observations remarquables sur l'état de grâce et l'état de désolation, l'état de communion et l'état où Dieu se retire, où tout devient répugnant, et soi-même, sale, immonde, coupable.

l'attention apeurée des gens sains. Donner des explications, abonder en explications, trouver des explications à tout : marque de dérangement mental. C'est un comble !... et c'est vrai. Fascination des explications. La personne normale y résiste. Elle sait se retenir [1] (trop même) et avec sa pensée faire de tout, des plans, des constructions, du jeu, de la recherche, de la chasse, des provisions, des travaux d'approche. C'est seulement pour finir qu'elle va tenter une explication qui sans doute était l'important et le but, mais dont il fallait d'abord payer le prix en recherches, en peines, en évaluations de toutes sortes. L'aliéné [2] va droit à l'explication. Dès lors, il est repéré.

---

1. Pour qui aurait oublié l'énorme faim d'explications dans l'espèce humaine (actuelle), il lui suffirait d'écouter un enfant parler. « Pourquoi ? » est son maître-mot, son lassant maître-mot. Il semble ne penser que pour chercher des explications. L'adulte a appris à attendre.

2. Il faut relire *Inferno* de Strindberg, livre plein de relations de signes, comme aussi d'explications, dont un grand nombre dans le domaine scientifique. Significations comme explications, la plupart manifestement inconsistantes. On y trouve cet aveu (qui pourrait être mais ne paraît pas ici marque de voyance et le conduit à des rapprochements insensés) : « Je n'avais qu'à ouvrir un livre quelconque à n'importe quelle page, je trouvais l'explication désirée. »

5

AUGMENTATION DE L'IMPRESSION
DE COMPRENDRE.
LE SENTIMENT D'ÉVIDENCE.
LE SAVOIR PAR ILLUMINATION.

Et continuent à se présenter à lui des pièges, comme il n'en a jamais rencontré et dont il n'aurait même pas eu l'idée de se méfier. Dans la tragédie des renforcements démesurés où il avance, voici venir (et il ne le voit pas) le plus grave peut-être, celui qui va faire se refermer sur lui les portes de l'asile, le sentiment *de la certitude totale*. A cause de ce sentiment il continue à marcher dans « ses histoires » qui ne devraient pas résister à un examen critique. Mais elles résistent et parfaitement. Il a reçu l'aveuglant message de la Vérité. Ce sentiment d'évidence-là, sans rapports avec le sentiment courant d'évidence, est quelque chose qu'il faut avoir connu pendant l'ivresse mescalinienne, dans sa soudaineté, son coup de poing, sa presque caricaturale mécanique, pour comprendre qu'il n'y a pas de parade possible. L'idée se referme sur soi, comme le couvercle d'un coffre qui a basculé. Plus de sortie. L'idée boucle la boucle, idée en un instant achevée, définitive, emmurante. Devenue vérité *V*. Quelquefois il est arrivé à un expérimentateur de la mescaline de voir l'idée, surtout si elle lui est étrangère (que quelqu'un vient de lui communiquer sur place ou par téléphone), il lui est arrivé, en un dernier moment de liberté (deux secondes suffisent), de la voir s'emparer de lui, et le happer. L'aliéné ne se voit pas happé. Il l'est avant de l'avoir vu. Il reste, il restera dans le gouffre de l'évidence, innocent, esclave, ignorant qu'il est esclave.

Sans l'accroissement incomparable du sentiment de certitude, pas d'aliéné. La foi fait la folie, l'y fait demeurer, ne lui permettant pas de corriger de lui-même, ni avec l'aide d'autrui, l'idée absorbante à laquelle il a donné son *adhésion*. A cette idée il a succombé, il s'est soumis à sa suggestion comme quelqu'un qui s'est soumis à la suggestion d'un hypnotiseur. Totalement. L'opération en coup de foudre n'est même pas nécessaire. Il peut n'avoir aucune conscience de rencontre. A un moment il se trouve dedans. Immergé dans l'évidence de la Vérité qui de toutes parts avance et rayonne, et pleut sur lui. Quoique l' « idée » paraisse aux autres saugrenue, délirante, limitée (parce qu'ils en voient seulement les affleurements), elle est pour lui une idée incomparable, une idée réponse à tout, une idée-cathédrale qui le place au-dehors des mesquines critiques et, d'une certaine façon, s'inscrit dans les lois secrètes de l'Univers. Son savoir, qui est savoir par illumination, n'a rien de commun avec les autres savoirs et réside en lui comme un fantôme sans bornes et que ne peut examiner la critique. Plus du tout. De ce qui fascine on ne peut faire le tour. Il se trouve qu'une idée présentement sur lui a pouvoir. Avant, son esprit sur elle aurait eu pouvoir. Maintenant elle seule a pouvoir. Et lui est sous son pouvoir, sans réserve, sans « mais », sans aucun.

L'aliéné parle sans cesse de magie. Il en a le droit. Sur qui plus que sur lui s'exerce la magie, une magie tout à fait à part ?

Ne pouvant avoir vue sur cette idée dominatrice, ne pouvant, n'ayant pu voir son absorption par l'idée absorbante, ne sent-il donc rien ? Si. Et (nouvelle apparition de la persécution) il sait presque toujours, comme ont dit plus ou moins des centaines de milliers de malades mentaux, qu' « il se passe quelque chose dans son dos », même s'il se croit Empereur des empereurs.

Tout aliéné sait qu'il lui échappe quelque chose d'important [1].

---

1. La méfiance outrée et une interminable récrimination, sur de nouveaux sujets, semblablement reprise, seront la réponse à cette impression *sui generis,* qui est loin d'apparaître uniquement chez le paranoïaque.

6

LES ENNUIS QU'IL A
AVEC SA PENSÉE.
RADICAUX EN LIBERTÉ.
PENSÉES QUI S'ÉVANOUISSENT.
OBLITÉRATIONS PÉRIODIQUES.
PENSÉES LYSÉES.
PENSÉES OSCILLATOIRES.
PENSÉES XÉNOPATHIQUES.
PENSÉES SCOTOMISÉES.
ÉCLIPSES MENTALES.

Ne jamais l'oublier : c'est avec des désordres de toutes sortes en train en lui, résultats d'innombrables petites embuscades internes, que l'aliéné fait le désordre visible aux autres.

Même s'il y a délire, il fait et montre un désordre inférieur (et de combien !) aux infimes multiples désordres qui le hachent, le secouent, le déséquilibrent de partout.

Les ennuis qu'il a avec sa pensée ne se comptent pas, difficilement perceptibles, et qu'il ne pourrait exprimer que très globalement. Le plus marquant, le plus gros de conséquences, est celui de l'évanouissement soudain de pensée.

D'un coup sa pensée est comme épongée. Y aurait-il vraiment des voleurs de pensée ? Des manieurs de fluide agissant à distance, ou embusqués dans le voisinage ou même arrivés à prendre pied dans son cerveau ? C'est extraordinaire. C'est extraordinaire ce que rencontre réellement un aliéné. Pour lui, pas de doute, on lui vole ses pensées. En fait, l'oblitération de la pensée n'est pas commode du tout à observer puisque l'observation s'interrompt précisément dans ces moments, et, après ces moments, on est plutôt « sonné ». Enfin, il n'est pas mentalement prêt à y rencontrer le phénomène réel qui se déroule avec l'imperturbable indifférence de la nature. De plus, il a des pensées qu'il ne reconnaît pas, le subconscient, alors à égalité de force avec le conscient, mettant en circulation des idées inconnues, non reconnues du conscient, c'est-à-dire de lui. De plus, l'impression même imprécise qu'a l'homme normal, et qu'il avait autrefois, d'être rattaché à sa pensée, de pouvoir s'y orienter et retrouver la zone où elle naît, n'existe plus. Ayant au contraire l'impression qu'il ne peut plus les appuyer, ni s'y appuyer, il les sent étrangement vulnérables, hors de leur zone de sécurité habituelle. Il les dit mal placées, déplacées, sur une éminence, il les perd, il ne les retrouve plus. Où les a-t-on mises ? Sa pensée, il pouvait aussi autrefois, comme tout autre, en partie la montrer, et en partie la cacher et en même temps tout de même la garder, pour éventuellement la refaire, la recomposer autrement et pour autrement la dire, ou se la dire. Toutes ces opérations, qui ont leur plaisir et donnent un sentiment *sui generis* de sécurité, ont disparu. Sa pensée est sans emplacement. Vainement il en cherche le lieu d'émission. Elle est suspendue, dit-il. Elle est lâchée ; elle est exposée. Elle est décalottée. Elle transpire au-dehors. Son front est devenu transparent. Tout le monde, pense-t-il, peut la voir aussi bien que lui. C'est clair. On entre et on sort dans son cerveau. On en fait sortir ce qu'on veut. On apporte. On emporte. On se sert. On place des idées étrangères. Il n'est plus préservé là où il est si important qu'on le soit. Comme trépané sans l'être vraiment. Crâne ouvert, on téléphone directement dans sa tête. Il a, par moments, peur de penser, tant les pensées en lui retentissantes pensent tout haut, trop émergentes aussi et que les autres pourront directement *saisir*[1]. Ne pas oublier que, si impuissant qu'il paraisse, il est un homme de *pensée*, du malheur de la pensée, de l'invasion et de l'évasion de la pensée, des captations de pensée, des substitutions de pen-

---

1. Quand il ne peut plus les saisir, d'autres peut-être en sont la cause qui en font la saisie.

sée, des flux étrangers de pensée. Les os, le crâne ne sont plus des obstacles. Il dit, et c'est parfaitement vrai quoique d'une autre façon, qu'il est volé. Des brigands de l'espace ne sont plus pour lui de la science-fiction, il a affaire à eux. Qui sont ceux qui se servent dans les cerveaux des autres et dérangent tout au passage ? Qui sont-ils ?

L'orientation complexe mais naturelle dans le monde de ses pensées, de ses souvenirs (toute pensée, après deux secondes, est déjà un souvenir), il n'en est presque plus capable. Il est de ce côté très empêché.

De nouveaux problèmes surgissent pour lui du fait des vitesses de passage. Dans la vitesse de pensée accélérée (ou vitesse b) il rencontre des difficultés accrues. Dans la vitesse de pensée éperdument accélérée (ou vitesse c), ses difficultés deviennent insurmontables.

Dans la vitesse réduite, il aura d'autres difficultés. Dans la stagnation de l'humeur aussi. Car le ralentissement n'arrange pas tout. C'est la contrainte sur la pensée, dont il est incapable, qui est la cause principale de ses drames. Il voit des pensées aller toutes seules. Radicaux libres. Pensées entre elles. Soudain une domine. Pourquoi ? Il n'y est pour rien. Ce n'est pas celle-là qu'il voyait principale. Un autre, donc, tripote en son cerveau et fait son choix, impose son choix et une hiérarchie incorrecte, étrangère à sa façon de voir. (Un peu plus dominante, l'idée il ne la verrait plus. A la limite, il la voit encore et il en est déconcerté. Devenue prévalente, prévalant contre lui.)

Pensée à la vitesse *b*.

Cette pensée est une pensée avec digression[1], avec incidentes. Il n'arrive plus à retrouver une pensée qui vient à l'instant de passer. Il n'arrive plus non plus à se placer dans sa ligne. La pensée qui suit ne s'établira pas non plus dans la suite de la deuxième, ni non plus la quatrième, qui elle-même ne revient pas dans la ligne de la première. La vitesse de disparition le laisse interdit, comme la vitesse d'apparition également insolite de la suivante, qui l'a interrompu un instant dans sa recherche, mais déjà la pétulante pensée nouvelle venue disparaît, une autre arrive, la sixième (ou la septième?, il ne le sait plus), le distrayant en ces instants précieux qu'il tentait d'employer à revenir en arrière, mais la voici elle-même dépassée, il en est déjà à la huitième qui semblablement le mystifie, le « passe », et surgit la neuvième apparition, et quoiqu'il continue à tenter

1. Aux digressions qui viennent à l'esprit et continuent inexorablement, on peut déterminer à coup sûr le moment où une drogue commence à agir.

d'aller en arrière, à précipitamment lancer en arrière un lasso de recherche, jamais il ne ramène exactement l'idée première, ni une qui y conduise directement, mais seulement une idée de traverse, décentrée, sorte de « à propos de » si bien que de coude en coude, s'écartant d'écarts successifs chaque fois plus grands et inattendus, il est de plus en plus déconnecté de la première qu'il vise pourtant sans relâche, emporté en des chemins de plus en plus coudés et déviés, passant constamment à côté, butant sur des pensées intruses, dont il doit se défaire, qui amènent inexorablement une nouvelle déviation, une nouvelle digression. Abandonnant alors la première, définitivement perdue, et la ligne brisée des pensées qui ont suivi et ne sont plus en vue, il tente de revenir à une autre qui vient de le frapper. Le pauvre... déjà elle est perdue !... Il espère en attraper une qui va le remettre sur le chemin perturbé, compte tenu de la « déviation-distraction » opérée, mais déjà il est emporté dans un nouveau coude. Chaque tentative de rapprochement le sépare du but par suite d'un nouveau crochet, qui est un nouveau décrochement, faisant un décousu encore plus décousu, indéfiniment décousu. Pensées fugaces. Pensées qui le fuient. Pensées analogiques. Pensées qui renvoient à une autre, indéfiniment à une autre, pensées qui renvoient toujours plus loin. Pensées

qui ne reviennent pas sur elles-mêmes. Jamais.
Absolument jamais.

Telles sont les pensées à la vitesse *b*.

Telles sont ses insurmontables difficultés.

Vitesse *c*.

A cette vitesse autrement excessive [1] les pen-
sées, filant à la file indienne mais oscillantes
aussi, subissent un traitement, subissent des
déchiquetages comme si elles étaient des objets.
Sur un invisible trajet destructeur, aussitôt elles
deviennent inopérantes, défaites aussitôt que
faites, ne pouvant « s'inscrire », ne pouvant être
remémorées quelques instants plus tard, ne pou-
vant rester intactes. Ne pouvant rester stables. A
toute vitesse, chacune tantôt affirmative, tantôt
négative, tantôt interrogative, tantôt hypothéti-
que, tantôt relative au passé ou à l'avenir. Dans
aucune des cent façons dont dans la réalité elle
peut se situer, elle ne s'établit, ni ne demeure.
Elle ne le peut. Pensée absolument instable,
incessamment soumise à des déplacements, à des
fluctuations infinies (dont il ne peut plus rien
faire d'utile, quoiqu'il soit là vigilant et même se
dépensant beaucoup). Pensées qui reviennent en

1. Cette vitesse est parfois si grande que l'idée alors paraît surtout rendre
manifeste le phénomène oscillatoire qui sans doute la sous-tend.

oppositions alternantes comme spasmodiques. Pensées brisées et brisantes, pensées qui l'affolent, qu'il s'affole à suivre, à vouloir rectifier, reconstituer, ralentir, unir, rendre égales, rendre définitives, rendre intelligibles, rendre tranquillisantes malgré tout et saines, sur lesquelles il pourrait encore s'appuyer, lui le responsable de cette pagaille, si étrangement ordonnée et démonstrative (mais de quoi?). Impossible, la monnaie de filou passe de main en main et se dérobe à lui.

Comme s'il n'était pas l'intéressé, comme s'il n'était pas le maître. Et sûrement il ne l'est plus. Vide de pensées, bousculé de pensées, fasciné de pensées, tenu à part par pensées, tracassé de pensées, ou homme aux pensées martyres et défaites, il n'est plus le maître.

De cela, le phénomène d'*oblitération de la pensée*, qui revient de maintes façons différentes, va lui donner des preuves, qui sont des coups dont il ne se relèvera plus. Jamais plus il n'aura confiance. Jamais plus. Il s'abandonnera à sa folie. Innocente d'allure, apparemment peu dangereuse, peu importante, elle va en un rien de temps le mener à l'insensé pur. L'oblitération par exemple a lieu pendant quelques dizaines de secondes (cela suffit), puis disparaît. Alors, à nouveau il

225

saisit, comprend. Puis, de nouveau, il est dans la zone de brouillage et plus rien ne lui est intelligible. Seulement l'intelligible disparaît. Pour le reste, il continue à sentir. Impression qu'il faut avoir connue pour comprendre comme elle va avoir des conséquences, des conséquences qui découragent de la raison, qui découragent de trouver un sens à quoi que ce soit, qui montrent vertigineusement qu'à rien il n'y a de sens (à moins qu'on ne l'y ait mis), que le sens du surajouté, du plaqué, une couleur mise sur un objet à colorier. Drame silencieux, personnel, traître, qui lui arrive dans des moments presque de calme, quand il ne s'y attend pas. Il feuilletait le journal, suivait un récit qui l'intéressait... Alors *cela* est venu. Après deux phrases, ou trois, ou quatre qu'il comprenait de façon normale, il n'a plus suivi. Si, il suivait encore les mots, mais le sens ne suivait plus. Le récit ne suivait plus. Tiens! Pourtant ça l'intéressait cette histoire. Il reprend donc la lecture et depuis le début, mais les mots qu'il avait pourtant compris tout à l'heure sont maintenant privés, dessaisis de leur sens. Non de leur aspect de mots de connaissance, non de la conscience de la façon dont ils sont à prononcer. Seulement de leur sens. Terrible étrangeté. Secret qu'il ne sait s'il doit le révéler. Il jette alors un coup d'œil global sur l'article. Il ne comprend plus. Il ne comprend plus le sens de l'article et où ça peut bien aller. Il insiste, alors il ne comprend plus le titre, ni le sous-titre. Ensuite la raison même de sa lecture lui échappe. Il insiste. Ensuite il ne comprend plus ce que fait le journal dans sa main et ainsi, voulant comprendre la situation, cependant que l'aveugle oblitération continue, il fait passer l' « insens » dans les étapes de plus en plus importantes de la prise de conscience de la situation jusqu'à réellement perdre la tête, perdre le fil, perdre tout fil, avançant dans un monde vide de plus en plus hétérogène à lui, de plus en plus épouvantablement soustrait à sa prise.

C'est atroce, atroce.

De pareils moments « oblitérants » peuvent arriver pendant qu'il écrit. S'il continue à écrire, les mots qu'il écrira n'auront aucun sens, ni pour lui, ni pour personne, mots que plus tard, après cette grêle d'antipensée, après ce nuage d'interception, il lira sans du tout comprendre, mots connus mais qui ne tournent même pas autour de quoi que ce soit comme si le hasard total les avait écrits, quoique pourtant français et corrects. Ils veulent seulement dire qu'il voulait dire quelque chose, qu'il a cherché, qu'il n'a pas su où chercher.

Si l'oblitération se produit — moins forte — pendant des phrases mentales qu'il a prononcées intérieurement, il y a suspension du sens, mais souterrainement leur trajet continue. Ses pensées ne lui apparaissent pas, effacées à mesure, à la façon de paroles enregistrées qu'efface un ruban de magnétophone qu'on fait tourner. Mais, après quelques dizaines de secondes, le nuage dissipé, apparaît la suite de la conclusion, la pensée ayant continué toute seule à avancer, à se former, à s'accomplir. Pour la conscience seulement elle était décapitée.

Un autre cas plus fréquent : lorsque l'oblitération le prend comme il était à réfléchir. Perdant donc le sens de la dernière pensée qui lui passait par l'esprit, il tente, comme on fait, de prendre du recul, de la restituer dans un contexte plus considérable ; l'oblitération passe dessus, y fait le néant, la nettoie de son sens. Il perd donc son sujet de réflexion. Puis il en perd l'origine. Il poursuit, cherchant selon son expérience d'homme une généralité plus grande où l'inclure, une « gestalt » plus étendue, plus largement compréhensive, mais l'oblitération passant dessus la perce de flèches d' « insens », et ainsi, d'annulation de sens à annulation de sens, il en arrive en très peu de temps, et même de secondes, à une vertigineuse profondeur de non-sens, à la presque absolue situation de non-sens, activement, frénétiquement insensée, absurde (car il ne s'agit pas d'une soustraction, mais d'un

228

dynamisme et qui a quelque chose de féroce[1]).

A ce nœud d'angoisse essentielle, d'angoisse métaphysique, d'angoisse des angoisses, mais froide tant elle est épouvantable, et telle que celui qui ne l'a pas connue ne saura jamais ce qu'est la folie, à la fois confusion, lessivage, néant de connaissance, absence au monde et méchanceté intense, il est cette fois dans l'insens absolu, il débouche sur l'horreur qui est irrelation avec le monde qui désormais se refuse à lui, essentiel étranger, mutilé psychique.

Si l'oblitération arrive lorsqu'il cherche un souvenir, la destruction se fera dans l'évocation, dans la mémoire. Forcer alors est pareillement mauvais, conduisant à une série croissante de désorientations. On va loin, on va vite sur ce chemin. C'est comme fabriquer une non-mémoire, créer en soi une annulation de mémoire, à la volée. Car là aussi un effort peut se continuer, véritable instinct hors de propos. Il y cède machinalement. Il entre alors dans la forêt vierge... totalement vierge, sans rien qui lui rappelle rien. Il sait seulement qu'il est encore là. C'est tout. Le reste, tout le reste, car il sait encore qu'il y a un reste, « connais plus[2]. »

---

1. Même un homme de sang-froid aurait peine à ne pas ressentir cette action-destruction comme intentionnelle, comme ayant une finalité.

2. L'arrêt de la pensée, je dirai dans une autre étude comme elle se présente à l'aliéné.

Des difficultés aussi se produisent qui tiennent au manque de volonté (on a pu écrire : « L'obsession [1] est une diathèse d'incoercibilité »), au manque de décision que beaucoup d'hommes connaissent sous sa forme modérée dans la névrose. Entre le oui et le non, la volonté ne peut infléchir le choix ni d'un côté ni de l'autre. Scrupuleux, souffrants, ils restent indécis, d'une indécision qui ne finit pas, qu'ils ne peuvent modifier. Mais tout de même ils réfléchissent, comparent. L'aliéné rencontre parfois une indécision qui est la même chose et tout autre chose. Il n'est plus entre deux solutions possibles, mais dans un mécanisme d'oscillations. C'est cent fois en une minute qu'il peut voir tantôt un pôle, tantôt l'autre à une vitesse rigoureusement immuable, sans qu'il puisse par tâtonnements modifier si peu que ce soit l' « éclairage », ni imaginer, même un instant, un compromis entre ces deux formes tranchées et opposées catégoriquement, ambivalence qui n'aura pas de fin, où toute conclusion est exclue. Qui l'a connu sait bien qu'il ne s'agit plus là d'hésitation de la conscience. C'est l'impossibilité même d'hésitation qui devient le phénomène, il n'y a plus aucune prise en considération des éléments à envisager. Oui, non, oui, non, oui, non, oui, non,

---

1. Tanzi (cité par Baruk, *Traité de psychiatrie*, Masson, 1959).

oui, non, passent sans arrêt, répétés indéfiniment intérieurement, ou à voix haute, avec une monotonie impressionnante. Impuissance, impuissance a conduit à ce va-et-vient infernal. Impuissance conduit aussi, parfois, à la répétition d'une seule idée, d'un seul mot, un seul qui n'en finit plus, seule vie dans la plaine ébrieuse de la folie.

7

COMMERCE AVEC L'INFINI. « HOMO METAPHYSICUS ». THÉOMANIE.

Celui qui a perdu (ou de lui-même lâché) nombre de ses repères, qui n'est plus arrêté par la limitation de son corps, de l'espace généré par son corps et par l'attention à sa situation fermée et limitée, qui est libéré de la masse, de l'étroite agglomération qu'est tout être et son « champ », celui-là à présent « volatil »[1] ou simplement désentravé, débrayé, devenu un être d'une nouvelle espèce, s'oriente vers une nouvelle patrie.

1. « Volatilité », expression si juste qu'emploie Binswanger à propos de la manie, dans le texte présenté et traduit par le docteur Ey, *Études psychiatriques*, n° 21.

Qu'est-il lui-même ? Le véritable homme métaphysique. Dans la métaphysique, par voie organique. Une fille de ferme atteinte de mélancolie parle comme Platon, en plus direct, plus droit à l'essence[1].

Au non limité, au mal délimité, l'Illimité se présente. De force mis dans le monde des fluides, du psychique, du magique, le seul habitant sur terre de l'Immatériel, chassé de ses propriétés, sans propriétés, ne se souvenant plus de propriétés, l'Infini désormais est son affaire et son monde, comme aussi le monde magique, qui tous deux lui correspondent à présent et lui répondent. Excité, exalté, se voyant lui-même Dieu, ou angoissé de surnaturel ou collé à l'occulte ou grave et seul face à face avec le Grand Problème, ou cafouillant entre les souvenirs de son caté-chisme ou tricheur et faux saint, l'Infini, l'Incommensurable, toujours occupe l'aliéné, le fascine, le terrorise, le traque, lui est familier. Autant que le sexe et plus singulièrement, Dieu est libéré dans la folie. Le dieu immanent, le dieu expérimental. Il n'en sera plus lâché. Exilé dans l'Infini, privé du fini, dans une incessante défaite de son fini, il n'est plus en surface, mais dans le centre, un centre pur à la fois et incroyablement déporté, comme au foyer de

1. Noté par Henry Ey, *Études psychiatriques*, t. III, p. 167, n° 22.

multiples ellipses. Plus que tout autre homme —
le saint excepté — l'Infini est sur lui. Infiltration
en lui de l'Infini. Lutte qu'il mène avec lui pour
sauvegarder son existence. Sans cesse l'Infini
lèche l'enveloppe de son fini, ne lui laissant pas
de trêve. Le secouant jusqu'à en faire une poupée
brisée. Brisé par l'Infini.

L'Infini est-il pour lui la personne de Dieu,
presque jamais on ne le verra aller à Lui, avec
dévotion, humilité, amour [1], comme pourtant on
le lui a enseigné, mais plutôt avec impudence, ne
se sentant pas très différent de Dieu, se sentant
plus près de Dieu que de qui que ce soit. Il est sur
le passage continuel de Dieu. Il ne veut plus de
prêtres, d'église, d'intermédiaire [2]. Il capte Dieu,
et Dieu le capte et pèse sur lui et l' « assomme »,
le sature, le fait déborder, sans parfois qu'il le
remarque, en paroles significatives, de ces
paroles qui précèdent les pensées encore à venir,
mais qui déjà poussent leur pointe dans l'ombre,
inaperçues de lui.

Parler beaucoup de Dieu, le placer entre des

1. Sauf quelques femmes tournées vers le Christ avec un sentiment
équivoque et qui gêne même les incroyants.
2. Observation curieuse du criminologiste belge E. De Greeff, dans *Ames
criminelles,* Casterman, 1947 : « Chez presque tous les prisonniers de Louvain
qui versent dans une idée délirante, se retrouve à un moment donné,
précédant de quelques mois ou un peu plus l'apparition du délire, une
conversion au protestantisme. C'est un fait, ils veulent la Bible, sans rien ni
personne d'interposé. »

propos insignifiants, dans des lettres, par ailleurs quelconques, et à des gens terre à terre qui n'ont rien à y voir, et si Dieu revient à l'improviste, cité à propos de tout et de rien, parmi les banalités et comme par mégarde : mauvais. Lorsqu'on Le voit rôder autour d'un homme pendant des mois, pousser d'une certaine poussée impersonnelle comme l'urée monte dans le sang d'un malade avec la néphrite qui empire : signe de folie prochaine. Même si les autres idées sont encore justes, elles vont tôt ou tard perdre leur valeur dans l'esprit voué à une éclipse certaine [1].

Libéré des frontières, de nos frontières, de notre variété, il a, malgré une effarante multiplicité (celle d'une constellation aux éclats innombrables et aux éclipses non moins nombreuses, non celle d'un bipède), il a un sentiment inconnu de l'Unité des Choses. Science infuse et Révélation ineffable reviennent ici pour lui donner une sécurité que les théologiens n'ont pas.

Enfin ce Dieu embarrassant, empiétant, qu'il ne peut refouler, il va d'autres fois, faute d'imagination et grâce aussi à une sensation nouvelle en

---

1. Certains se défendent, luttent contre la poussée de Dieu et la poussée qu'ils sentent à le proclamer partout. Mais la rébellion ne sert pas à grand-chose. Quelques minutes plus tard, un nouveau flot d'infini les attaque, les submerge.

Chez d'autres, on peut voir les efforts maladroits pour adapter à la vie, et à des idées viables cette massive, inexplicable intrusion d'infini qui les brise et constamment les interrompt au lieu de les grandir et de les éclairer.

lui du perpétuel, s'y retrouver lui-même : Dieu, Dieu le Père, Dieu de la Toute-Puissance. Il n'y a pas mieux. Les Occidentaux autrefois parlaient en termes de vassalité de travailler pour l' « honneur » de Dieu. Comme pour répondre à une certaine fierté qui serait en Dieu ! Lui, il y est arrivé : fier d'être Dieu. Combat de l'Incommensurable et du Médiocre, voilà le résultat pitoyable.

8

DIFFICULTÉS ET PIÈGES
QUE RENCONTRENT LES ALIÉNÉS.
L'HOMME EFFRÉNÉ.
FIÈVRE MENTALE.
FOLIE FURIEUSE.

Dans certains moments de l'existence, il est arrivé à des chercheurs du Spirituel, il est arrivé qu'en pleine lucidité ils rencontrent — envers de la mystique, de la purification, de l'ascèse — la Force, le monstre de Force, « une force qu'on ne peut décrire, une énergie impersonnelle et implacable [1] ».

1. Expression de Jacques Masui dans un texte inédit décrivant une expérience personnelle quand, au lieu de l'harmonisant et du bénéfique qu'il

Ils la rencontrent sans la reconnaître, ne l'ayant connue que pure et tempérée, dirigée (même pas, seulement s'appuyant dessus), ne pouvant concevoir qu'ils la contenaient, elle si démesurée, si électrique, si impossible à contrôler, « méchante » pour les démarches de l'esprit.

Il est arrivé aussi à maint autre, pour des causes diverses (il y en a quantité), de se trouver ainsi devant la foudre et n'y comprenant rien.

L'homme en présence de son moteur ! De son moteur sans les freins. Le moteur formidable et qui, en effet, jette dans l'effroi. Il est face à lui. Affronté à lui, ridiculisé par lui, renversé par cette puissance, propulsive en tous sens, poussant, poussant, sourde à tout et à lui.

Il profitait d'une usine. Son « être » était une usine contrôlée. Naturellement immodeste, il était au-dessus de cela. Ses interrupteurs fonctionnaient, qui maintenaient ce courant. Par une faiblesse qu'il eut, il a maintenant un excès de force au débit irréfrénable. Malheur à lui par ce trop de force.

Pris dans un réseau de forces aveugles, dans les rush incessants d'il ne sait quoi de fluide, de condensé, de survolté, proche de sa pensée,

---

connaissait, et entretenait méthodiquement, il connut soudain « la brusque rupture par où les forces les plus sombres, les plus étranges (forces effroyables et indifférenciées), ont déferlé devant ses yeux épouvantés ».

presque semblable à sa pensée, véhicule cahotant de sa pensée, qui la rend inefficace, qui la renvoie dérisoire et la tripatouille et la dilacère sauvagement, sans s'occuper de « je », sans le remarquer, se désentravant sauvagement en tous sens.

Pris dans une sorte d'atomisation subite et massive, *çakti* d'un dieu inconnu, dans une irruption inarrêtable, ayant perdu tous ses modérateurs, il est comme si du cerveau il était passé directement à dépendre d'une station électrique.

Pris dans une masse d'énergie pure, inamadouable, aux décharges effrayantes en tous sens, qui incompréhensiblement ne s'affaiblissent pas, il est, la pensée en charpie, et saisi d'une exaltation dérivée qui n'enlève pas la panique, il est dans un corps à corps monstrueux, pour retenir, pour si peu que ce soit mettre un infime barrage à « ça » et à la tempête des mouvements explosifs qui menacent, qui ne vont pas manquer d'arriver, qui sont virtuellement là, et d'un instant à l'autre vont l'emporter, le bousculer, obligé de céder à ces tumultueux insurgés organiques, à cette essentielle insurrection psychique *quoique sans âme* qui est au-dedans de lui.

Bousculé par cette force qui utilise les mêmes relais, rejeté par cette force, pris en traître aussi par cette force sagace sans le savoir, conduit aux abîmes comme un veau à l'aiguade soudain saisi à ses naseaux douloureux par un crocodile expérimenté qui l'entraîne irrésistiblement sous les eaux, secoué, mis de côté, mis à côté de lui-même par cette force multiple qui frappe à toutes les portes, par cette force infernale qui n'appartient à aucun démon, mais qui, sans être ni avoir à être une personne, est aveuglément, fougueusement, irrationnellement opposée à toute discipline, envers total de discipline, de réflexe, comme de réflexion, véritable pile et bombe d'indiscipline.

Avec cet absolument sauvage, cet absolument immodéré négateur de tout ce qui se trouve d'intronisé, d'accepté en lui, avec cette dynamique étrangère suractualisée, qui ne déteste même pas, qui est au-delà du sentiment et de l'affect, mais qui aspire ou le fait aspirer, lui, son vecteur et sujet, à se décharger de sa tension par n'importe quoi, presque indifféremment, mais plutôt par véhémence, violences, brisements, éclats, renversements de tout, de meubles, d'objets, de personnes, d'ordre installé, d'interdits sociaux ou familiaux ou personnels, par massacres, par destruction, de lui-même comme d'autres, par renversements, par écrasements, broiements, dislocations, par éventration (aussi bien d'ailleurs de matelas ou de coussins que de chiens ou de femmes), avec ce monstrueux compagnon au potentiel insoutenable qui ne lui laisse pas un instant pour penser à autre chose, que va donc faire l'aliéné? Situation terrible qui demande une décision immédiate. Sera-t-il emporté? Ce démon sans identité, il l'a sur le dos.

« Ça », qu'aucune dépense de force n'affaiblit, qui pourrait détruire un homme comme un rat, pour qui rien n'est précieux, qui ne fait aucun cas de personne, ni non plus de sa personne à lui, qui a renversé comme château de cartes l'instinct même de conservation, instinct dépassé, remplacé par l'urgent besoin de consommation, de dilapidation, d'assouvissement à tout prix (car sa fureur de destruction c'est fureur de dissipation surtout, de l'excessif qu'il faut écouler)... Alors, s'il en est temps encore, il demande que tout de suite on s'empare de lui, et qu'on le mette à l'abri, à l'abri d'agir, lui et le couple monstrueux qu'il forme avec l'Énergie libérée. Ligoté, enfermé, il trouve au moins le soulagement de n'avoir plus à soutenir les incessants géants efforts intérieurs qu'il avait à faire pour retenir l'autre. Mais le plus souvent il est emporté par la bourrasque et un désastre est accompli avant qu'on n'y ait rien compris.

Il arrive, comme il y a des machinations en l'homme, même en ces états d'exception, lorsque l'impulsion, tout en étant très forte, n'est pas absolument obnubilante, il arrive qu'il mette à profit cette aubaine de force perverse, pour d'un coup assouvir une vieille haine, un vieux ressentiment.

Il peut s'y être attendu, presque préparé. Il peut aussi commettre le crime sans presque se rendre compte du sentiment ambivalent auquel il répond, sans le reconnaître ensuite. Son subconscient choisit la victime qui n'est pas sur ses gardes, et la force l'abat. Lui ? Il n'est pas dans le coup.

Parfois aussi, à sa surprise extrême, le meurtre commis, il trouve le calme. Il accède à un autre plan. Ce non-réalisateur qui ne s'avouait pas souffrir de non réalisation est arrivé par cet acte subversif à un plan extraordinaire où il touche la réalité.

Tuer était donc l'action privilégiée et secrète cachée sous ses troubles, sous l'écran de ses tumultueuses contradictions qui étaient là pour dissimuler l'important.

Il n'aurait jamais cru ça, mais il vient de le vivre.

Il peut guérir maintenant... Où va-t-on l'enfermer ?

9

PERTE DU TEMPO. AGITATION.
ENTRAÎNEMENTS INCOERCIBLES.
FUITE DES IDÉES[1]. MANIE.

A un autre régime, moins dangereux, mais encore excessif, provoquant un fonctionnement accéléré pour lequel le cerveau n'est pas prévu et devient inefficace, la force éruptive, au lieu de se montrer brisante et dévastatrice, va susciter d'autres dégâts en celui qui la subit et vainement essaiera de l'utiliser, poussé à aller impétueusement de l'avant et à se dépenser de mille façons qu'il ne peut diriger.

Entraîné dans une mécanique d'enthousiasme pour rien, de développement, de prolifération, de multiplication, dans un mécanisme d'augmentation, marques d'une perfide, particulière hyperstimulation, va-t-il à quelque chose pouvoir s'accrocher? Non, il doit suivre le courant accélérateur. L'augmentation de vitesse va avec toutes les autres augmentations.

---

1. L'homme est un être à freins. S'il en lâche un, il crie sa liberté (le pauvre!), cependant qu'il en tient cent autres bien en place. La vitesse des images, des idées, tient à la perte de la maîtrise. Seuls les freins rendent la pensée lente et utilisable. Elle est naturellement extrêmement vite, follement vite.

Malheur à qui perd son « tempo » et se trouve entraîné dans les rapides de l'intérieur sur lesquels il ne peut rien. Dans les moments où il aurait le plus besoin d'être recueilli, cela n'est plus possible, plus du tout. Tout recueillement éclate. Il vit portes ouvertes, mille portes ouvertes, où des grains, où des points incroyablement nombreux, vecteurs de conscience, dévalent.

Des idées passent, fulgurantes, mais qu'il ne reverra plus (inutilisables). Des impressions à changer toute une vie, mais aussitôt perdues dans les coulisses du néant. Une agitation le prend, seule réponse possible aux commencements contradictoires qui se forment en lui. Une titillation d'envies, d'envies incessantes, extrêmes et puis disparues, qui reviennent ou pareilles ou autres, mais toujours tendues, éperdument désirantes. Des pulsions apparaissent dans un entrebâillement de conscience de plus en plus court, de plus en plus outrées, d'une outrance de plus en plus incompatible avec toute vie sociale, avec sa propre vie dans quelque milieu que ce soit. Débordantes envies qu'il lui faut veiller à réprimer dans l'instant.

L'intelligibilité s'accroît merveilleusement. Idées fringantes, prodigieusement interrelationnées, tenant par vingt valences, éclairées à la lumière d'un phare invisible.

Il voit. Il a compris, mais dans un tournoiement tout disparaît. Il reste un bourdonnement énigmatique. Rien ne pèse. Il ne sait à quoi s'agripper. Il prononce les mots d'un délire « clinquant » qui le dépasse, plus qu'il ne le satisfait ni même ne le soulage.

A toute allure, à une allure dont un homme normal ne peut se faire une idée, il dévale le chemin pensant. Les idées apparaissent et disparaissent sans qu'il y puisse rien, sans qu'il puisse, si fort qu'il le désire, ni les arrêter, ni les retarder, ni les ralentir, ni en retenir une, même si plus particulièrement elle l'intéressait. Toutes coulent à la même vitesse, suivant les cours d'un torrent inconnu qui les apporte et les remporte. Vitesse des pensées, vitesse des images, vitesse des envies, tout arrive à une excessive vitesse, disparaît dans la même vitesse, qu'aucun sentiment n'influencera. Ça pense, ça n'a pas besoin de lui pour penser. Ça se passe entièrement de lui. Ça le laisse en dehors. Sans pensée, dans un défilé de pensées ! Entièrement désarmé, impuissant. Penser, c'est pouvoir arrêter les pensées, les reprendre, les retrouver, les placer, les déplacer et surtout pouvoir « revenir en arrière ». Or, il ne peut plus aller que de l'avant, de l'avant (à cause de cela dans une insignifiance grandissante). Et les pensées passent, passent, viennent, s'écoulent, puis d'autres, inlassablement d'autres dont il se passerait bien. Mais qu'y peut-il ? Les heures passent, mais les pensées ne cessent d'affluer, et de repartir. Sa tête ne peut se retenir de penser. Il ne peut dire « assez » à la fourmillante entreprise inutile, qui continue son affaire et qu'il ne peut stopper. Homme inarrêtable, homme entraîné.

Agir ? S'il agit, c'est l'action qu'il ne pourra plus arrêter. Il ne pourra plus s'arrêter de faire quelque chose, quelque idiote qu'elle soit, insignifiante, hors de propos, chose faite qui ensuite sera défaite, qui n'a pas plus de raison d'être faite que défaite, qui n'est qu'exutoire à l'insupportable élan.

Et puis quelle action choisir ? Rien ne convient. Il se lève, il se rassoit, il étend le bras, il retire le bras, il se lève, il revient, il marche à grande vitesse de long en large sans s'arrêter (il le peut, quarante-huit heures durant), ou il saute, fait des culbutes, attire à lui la table, repousse la table, attire la table, renverse la table. Ce n'est pas que ça le satisfasse. Fétu de paille dans l'océan de ses envies. Rien ne va assez vite, assez en accord avec sa vitesse intérieure, encore moins avec son tumulte qui réclamerait pour s'y harmoniser, pour le satisfaire, quantité d'actions à la fois. Les bras, les douze bras en éventail du dieu Çiva, il les lui faudrait. Ils seraient à leur place sur lui.

S'il parle, il faudra qu'il continue à parler,

qu'il parle sans arrêt, improvisateur que son flot intérieur ne laisse jamais en plan, du reste en tout improvisateur, et en tout dépensier, dépensier qui ne peut assez dépenser, qui ne peut dépenser la fortune intarissable de cette fontaine qui ne veut pas tarir et lui ficher la paix, dont il est le propriétaire-esclave, et aussi le richard rasta, ou l'amusé, l'entreprenant ou l'agressif détenteur.

C'est de tout à la fois qu'il est riche et débordant, c'est à tout à la fois que, porté par pulsions de toutes sortes, attaqué d'impulsions, dans un tiraillement et un champagne d'impulsions, il voudrait s'adonner vite, vite pour rien, avec excès, avec tapage, avec exultation.

Illuminé de vues panoramiques soudaines, comme les nageurs qui se noient et en quelques secondes revoient leur vie, mais deux secondes plus tard repoussé dans l'agitation pour l'agitation, Danaïde, infatigablement touche-à-tout, piéton soudain motorisé, soulevé, enlevé en l'air, exalté, à qui tout est permis, à qui tout est ouvert, il lui semble qu'avec de magnifiques atouts il joue un partie merveilleuse, à la hauteur désormais de toute situation, cependant que les témoins voient surtout, sans toutefois le reconnaître pour ce que c'est, normalement déguisé et inaperçu, un misérable bric-à-brac... qui est la matière première de tout cerveau ordinaire, ici retentissant, carnavalesque, libre, indépendant.

10

DÉLIRE DE SOUVERAINETÉ.
DÉLIRE DES MAXIMA.
MÉGALOMANIE.

Il reçoit un alluvionnement constant, énorme, inconnu, en tous sens, dont il n'aurait jamais eu l'idée, d'une ampleur qui le dépasse, d'une importance qui le soulève, que rien ne pourrait exprimer, d'une démesure inouïe dépassant toute comparaison. Voilà ce qu'il sent, ce qu'il sentait, car à chaque instant ce sentiment prend un nouvel inouï accroissement, un accroissement qui ne sait comment se satisfaire. Expansion en éventail, non pas en éventail, en sphère qui se dilate, qui plus se dilate, qui se dilate au maximum, et pourtant, après, ça se dilate encore et il doit toujours davantage se magnifier, se donner à une plénitude plus grande, s'offrir au soc invisible qui laboure son être en vue d'une nouvelle, d'une nouvelle immensément grande ouverture. Cet immense qui ne dit pas son nom, qui à rien encore ne s'applique, ni ne s'accroche, mais par qui va arriver quelque chose qui jamais ne s'est vu, cet immense qui ne lui laisse pas le temps de penser (oh, le temps! quand on est aliéné), et le frappe aussi à sa pensée, comme l'appel précipité et indéfiniment continué de sonneries, jusqu'ici inconnues, cet « immense », ce « *trop* », ne peut continuer ainsi. Cependant cela continue encore, encore. Qu'est-ce que cela vient faire en lui? Dans quel espace situer cette aspiration (si c'est une aspiration), cette exaltation (si c'est une exaltation)? Et cela continue. Immense est autour de lui, est en lui, est sur lui. Immense le traverse. (Comment? Pourquoi? Pour qui?) Immense coexistant. Quel immense? Une tête manque à cette gestation énorme...

Attention, il va tout gâcher pour se soulager. Il va créer une relation personnelle avec ça. (Bien excusable. Bien forcé.) Il cherche à placer convenablement cet *excès* et à vivre avec[1]. Comment placer convenablement de l'excès? Un essentiel excès. Le travail (les autres aussi) soudain lui paraît mesquin. Il est où l'on règne. Souveraineté est en lui... Encore du temps (combien de temps peut-il résister?), enfin ne pouvant plus laisser infixée, impersonnelle, anonyme cette prodigieuse grandeur accaparante et de premier plan, dont le secret l'étouffe, homme simple qui croit

---

1. De toute façon, la présence d'une amplitude aussi exceptionnelle en quelqu'un le rend inapte à toute vie normale, même s'il arrivait à se retenir de délirer. Mais personne ne peut se retenir si l'intensité s'accroît. Tout, et tous, nous tenons à une certaine *dose*.

simplifier, et croit avoir compris, il se déclare Napoléon ou Bismark (ou Staline). Ce n'est pas là, il va sans dire, la conclusion de réflexions [1].

De quelle façon est-il Napoléon ? Son dossier Napoléon est bien mince. Peu tenu à jour. Depuis un siècle on ne connaît pas de Napoléon qui ait été intéressant.

Sa place est entre deux absurdités : l'une d'être Dupont (qu'il a du reste oublié), alors qu'il est le plus souverain des hommes, ce qu'il sait mieux que personne ; et l'autre d'être Napoléon, mais à qui quantité d'attributs de grandeur manquent. Ces choses, il est vrai, arrivent dans la vie d'un grand homme. Là n'est pas l'important. La vérité c'est l'impression de souverainement être qui l'inonde, le remplit, où qu'il soit, quoi qu'il fasse [2], et remplit Napoléon en lui ou plutôt sa « Napoléonité ».

Cette invasion, si énorme d'excellence et de

1. Il arrivera même que ce sera en se déclarant Napoléon qu'il saura qu'il est Napoléon. Admirable séparation des fonctions, qui peut encore aller plus loin, comme chez cette malade, presque séparée de sa mégalomanie, que ses voix appellent « Reine » — « Tu es Reine, tu as des droits sur le trône » — et qui, surprise, dit au médecin : « Mais je ne veux pas le croire, docteur, dans notre famille nous avons toujours été bons républicains. » Paroles d'une malade, présentée par Paul Guiraud, *Psychiatrie clinique,* Le François, 1956, p. 421.

2. « Une princesse de sang royal lavera par terre sans protester », Henderson et Gillespie, *Manuel de psychiatrie pour les étudiants et les praticiens,* 2 vol., P.U.F., 1955, p. 131. Son impression de princesse reçoit en effet son support et son entretien propre, organique, incessant et indépendant. Par terre, entre des seaux, la mégalogenèse continue.

précellence, ne pouvait rester inemployée. C'était impossible. Son problème était un problème de placement. Mais comment s'est-il glissé en Napoléon ? Il n'en parlait jamais. Il y est arrivé comme une fille, dans la salle voisine, Duval de son nom, est Jeanne d'Arc, pas morte d'hier non plus.

Vainement, étant enfants, ils ont essayé, elle d'être Jeanne d'Arc, lui d'être Napoléon, leurs héros, leurs modèles à qui de toute leur âme ils s'identifiaient, et qu'il tentaient d'être, grâce à ces opérations magiques qui paraissent alors si faciles et qui ne réussissent jamais. Ironie du sort et de la nature aveugle, c'est maintenant vingt ans, trente ans plus tard, après une longue période d'oubli, que l'identification, rejetée depuis longtemps comme décidément impossible, se réalise. Les efforts d'autrefois d'un coup sont couronnés de succès. Grâce à leur aliénation, ils ont réussi ! L'absurdité d'un mécanisme qui ne présentait plus aucun intérêt s'accomplit complètement hors de propos et catastrophiquement. Par un invisible piège de l'existence, ils sont arrivés à destination... et on les enferme !

Il en est d'autres [1] qui n'arrivent jamais à destination. En voici un, toujours à chaud, dans une expansion en cascade, sans s'arrêter,

1. Les mégalomanes de la P.G.

sans gagner un port, mégalomane des maxima, de tous les maxima dont il ne peut laisser passer un sans s'y répandre, sans s'y étendre parfaitement. A propos de fils, son fils a épousé une duchesse. A propos de magasins, sa fille possède la chaîne des Uniprix. A propos d'argent, il est banquier. Sa famille règne sur l'Espagne et le Maroc. Il a trois yachts. Ses esclaves l'attendent dans une île du Pacifique. En n'importe quel espace et n'importe quelle catégorie il se dilate au maximum, ne cessant de se prolonger dans un délire inarrêtable d'expansion et de proclamation. Son enfance, aussi, comme bien d'autres, faisait fête aux idées de grandeur. Que veut l'enfant? Être tout, posséder tout, attirer tout, goûter tout, vaincre tout, savoir tout, diriger tout. Être aimé de tous, obéi de tous, reconnu par tous. Pas moins. Tel est l'enfant de l'homme. De quoi faire des dizaines de délires de grandeur et des milliers de mégalomanes. L'humanité n'en sera jamais à court.

En ce temps-là aussi il sentait des appels, vivait dans la dilatation, l'expansion, ne cherchait pas les vérifications, vivait inspiré. Cela paraissait innocent. Royauté suprême. Pouvoir souverain. Comme il y est revenu! Comme il s'y sent chez lui! Mais on a de la gêne à parler de la folie des grandeurs qui a si peu de grandeur souvent. Elle est d'ailleurs seulement folie de l'énorme, du suprême. Rarissimes sont les fous à la hauteur de la folie. On dirait qu'ils font tout pour la faire déconsidérer.

La pauvre fille Duval n'est pas allée à l'extrême de la satisfaction et de la fierté seulement dans Jeanne d'Arc. Afflux, afflux en tous sens. Comment l'utiliser ? Impossible de choisir. Expansion plus forte qu'elle, qui met la cohérence hors question. Se laisser porter est ce qui compte, est seul possible. De partout, elle se débonde. Elle va immensément à se plaire sans retenue, à se faire plaisir. Le fluide passe, doit passer partout. C'est par vingt autres robinets qu'elle pisse sa vanité, son exultation, en oripeaux, en chapeaux magnifiques et baroques, en tapages, en vers rimés, en rubans qu'elle porte, en langage emphatique, en lettres au style ampoulé, à l'écriture aux boucles prétentieuses, en déclamations.

Faut-il la juger ? Paroles et gestes ne sont pas tout. Foisonnement, foisonnement est le mortier impalpable de sa nouvelle réalité.

Terre interdite à l'homme normal que le foisonnement [1], l'abandon et le foisonnement.

---

1. Il peut sembler que l'on a excessivement parlé jusqu'à présent du tumulte intérieur, de la fièvre mentale, de l'excitation, alors qu'il y a une autre voie ouverte au perturbé mental, celle de la fermeture, de l'arrêt, du repliement sur soi, de l'immobilité. Ainsi les sujets de Pavlov artificiellement contrariés, hommes ou chiens, manifestent leur trouble par de l'excitation ou

11

PSYCHOSES D'ARRÊT. CATATONIE.
SCHIZOPHRÉNIE. DISSOCIATIONS.

Il subit un arrêt. S'il arrive à passer outre, il subit un nouvel arrêt, puis un nouvel arrêt, puis encore un, et un autre suivra, et aussitôt après encore un autre, un autre, un autre encore et ainsi chaque fois qu'il « se reprend », qu'il veut reprendre, un nouvel arrêt se produit, qui l'empêche de poursuivre. Ça n'arrête pas de s'arrêter.

Arrêté, il ne repart pas. Il n'y a plus re-mise en route. Il n'y a plus reprise. Il n'a plus d'impulsion nouvelle, comme il en avait autrefois, comme tout le monde en a pour continuer ce qui est commencé et que la suite à venir en quelque sorte « appelle ». Chez lui, rien ne va plus tout seul. Rien ne continue sur sa lancée. Il faut qu'il s'en occupe, qu'il reprenne comme au début, qu'il remette en train, comme si rien encore

---

par de l'inhibition ; les uns, plutôt réagissent en visible excitation, les autres en visible inhibition. Selon moi l'arrêt est rare, incomplet et recouvrant une extrême et anormale agitation, et, d'autre part, l'état d'effervescence, même violente, couvre des zones de sommeil, de retrait, d'arrêt, de sorte qu'à des niveaux différents, les deux conduites apparemment contradictoires toujours coexistent.

n'avait été mis en train... Mais... justement... mais comment ?

Le geste commencé reste en suspens, son bras en l'air, sa jambe tendue. Il faudra une nouvelle initiative, qu'il ne sait où prendre, pour continuer l'acte, que quatre ou cinq gestes devaient accomplir, dont un seul a été accompli et qui demeure, comme piquet dans un désert. D'influx, il n'y en a plus apparemment. Il n'en trouve plus. Chaque instant prend fin comme on prend sa retraite, comme un définitif atterrissage. Incroyable, incessante exténuation. Incroyable, incessant empêchement à démarrer.

. . . .

Il est séparé. Il n'est plus un avec lui. Il ne réunit plus. Il ne peut plus renouer. De longues minutes, des demi-heures parfois, il se regarde dans la glace. Il ne se retrouve plus. C'est autre chose que la vie, ce qui torpide en lui reste et continue. Son expropriation est à perte de vue. Indéfiniment il subit l'opération qui l'opère de lui-même. Insupportable ! mais que sa séparation d'avec lui-même empêche de ressentir comme les autres le ressentiraient. Un crabe envahi par la larve de la sacculine, corps et pattes et tout presque devient sacculine, mais les autres voient encore le crabe. Ainsi lui, plus du tout lui pour lui, pénalisé pour il ne sait quelle faute, retranché de lui-même et de la vie. Il a perdu le bien, le bien le moins connu, le bien des biens, le bien d'être impressionnable, d'être inégalement induit à sentir.

Privé d'être impressionnable, empêché, réduit au strict minimum moins quelque chose, raccourci par décapitation de l'inattendu, des intérieures irrégularités, des extrêmes qui lui distribuaient allégresse, animation, plénitude, sentiments, surprises et sursauts. Plus de sursauts. Raccourci, retenu. Il n'aura même plus un désespoir plein et son tragique ne peut plus en tragique déborder. Un flux égal lui escroque à mesure ses réjouissances, sa fête d'exister, l'opéra d'être en vie et son drame lui-même.

Il n'a plus non plus les fêtes de l'intelligence : aller vite, prendre des raccourcis, avancer sur plusieurs fronts, virevolter avec indépendance, prendre son bien au jugé, au bond, survoler, voir en perspectives étagées, anticiper, deviner.

Il ne peut plus suivre qu'un chemin à la fois, condamné à l'ordre, à l'unilinéaire, au rangement absolument sans surprise, condamné à une pensée pas à pas, à ce qui s'ensuit, à ce qui processionnairement, logiquement, primairement et à la chaîne vient après. Il ne peut plus hiérarchiser. La fantaisie l'a quitté, l'indispensable fantaisie tellement à tort méprisée, signe de l'heureux excès des possibilités.

En lui un convoi, lent, égal, constant, restrictif, monotone, uniforme. L'influx énergétique, émotionnel surtout, qui passait par lui depuis toujours, fait de hauts et de bas, de surprises, de tristesses, d'espoirs, d'inégalités, de tensions, qui lui donnait vibration, chaleur, sentiment d'ambiance, spontanéité et un style à lui, ce n'est plus du tout le pareil qui passe, c'en est un autre, un insuffisant, un impropre à presque tout, un qui ne le laisse pas mourir, mais qui ne le laisse pas vivre, d'un débit uniforme, implacablement égal, et au-dessous de ce qu'il faudrait, de ce à partir de quoi il est intéressant de vivre.

Aux variations qui se présentent, ainsi qu'elles se présentent à tous, que les autres continuent de saisir et d'apprécier, il ne trouve pas à répondre, rien en lui ne peut plus répondre. Fini. Il est aliéné aux variations. Il ne comprend plus cette langue. Elle lui est étrangère. Il y est inapte, il ne peut plus s'y prêter et il n'en veut plus. Aliéné aux entreprises. Aliéné aux buts. Aliéné à l'avenir.

Les émotions qu'il ne lui est plus donné de vraiment totalement éprouver l'ont laissé dans un désert, le désert des déserts, le désert des sensations sans hauts ni bas, sans imprévu, sans pointes, sans chaleur, sans réchauffement et sans refroidissement, le désert de la continuité perpétuellement semblable, monotone régulier défilé intérieur.

Un chemin s'ouvre, celui de l'immuable, qui s'ouvre parce qu'un autre se referme, celui de la variété. Mais ce n'était pas le sien. C'est à cause de cet immuable, dont il lui arrive de tirer parfois quelque fierté aussi, qu'il a répulsion pour la nouveauté, pour la diversité, pour la distraction, pour les sentiments (si bizarres, si inattendus, si gênants, si illogiques, les sentiments), pour le travail aussi, le travail à la variété si insoupçonnée, exigeant une souplesse intérieure si insoupçonnée, à quoi il ne peut plus se prêter, se préparer, devenu si mal mobile. C'est pour tout cela qu'il demeure à l'écart... C'est pour cela que les variants sont ses ennemis naturels, ses déséquilibreurs, êtres sinueux aux actes imprévisibles et en éclair, avec qui il ne peut y avoir véritable coexistence. C'est pour cela qu'impotent parmi eux, il n'y peut rester, à cause des adaptations qui lui coûteraient trop, qu'il ne réussirait pas à temps, pas convenablement, pas averti, pas soulevé par cet excès indispensable qui est l'élan naturel et ses intuitions. Tout est en désaccord avec lui. Les gens, les travaux, les occupations, il ne peut plus s'y faire, ces partis, ces décisions qu'il faut savoir prendre, prendre tout de suite. Des gens, de la ville aussi, il lui faut se tenir à distance, de la ville aux innombrables actes. Les occupations « normales », même modestes, demandent tant et tant de changements et de savoir « naviguer » ! Totalement désarmé par la diversité, à en devenir fou, fou à tout casser, à tout détruire [1], il est bien qu'un calme statique l'entoure.

Empêché, isolé, « ne faisant plus partie », devenu logique et systématique par infirmité, faute d'aisance à saisir plusieurs plans à la fois, il va comme en rêve vers un rationnel, démentiellement rationnel, équivalent de ce qui mornement, impérieusement, régulièrement, est installé en lui et qui a quelque chose de processionnaire et fait qu'il ne bouge pas, qu'il ne vibre pas. Mais son rationnel primaire et arithméticien, ennemi du complexe, de l'inattendu, de la trouvaille, de

1. Confronté avec une situation qui démontre trop clairement son inadaptabilité (femme avec laquelle il ne peut vivre, à laquelle il ne peut pas parler, travail où il se révèle fondamentalement incapable, ce en quoi il ne se trompe pas, mais qu'il ne va pas avouer, ce qui ne servirait du reste à rien), il ne peut répondre que par une fermeture complète, par un refus de covivre avec le monde, par une aliénation de dernier recours, ou par une explosion de colère qui peut aller jusqu'au meurtre.

Même chez des schizophrènes depuis des années à l'asile, chez de presque paralysés psychiques (mais qui souvent peuvent sentir douloureusement qu'ils sont empêchés de sentir à la façon des autres) de soudaines exaspérations éclatent encore périodiquement, sur quoi leur calme apparent reposait. Le contact avec les gens du dehors suffirait souvent, redémontrant son inadaptation, à faire de cet immobile indifférent un furieux déchaîné.

257

l'inspiration, des intuitions, des exceptions, des risques, des virages, des hypothèses, des aventures, est inutilisable, improductif, fermé, et ne s'applique pas au monde, le monde à jamais surprenant, le monde décidément divers et qui veut qu'on le soit. Si, l'y poussant, on arrive à le faire dessiner (car n'eût-il de sa vie dessiné, il a une représentation à donner, unique mais extraordinaire), ce mort vivant, qui n'a plus dans sa vie une minute de surprise, qui n'a plus que des minutes « dans le rang », montre alors à lui-même et aux étrangers une morne prison, une prison pas comme les autres, symbole d'une qu'ils ne connaissent pas et ne connaîtront jamais, invisible, mais dont il est prisonnier et qui est la prison dans le Temps, dans un immuable temps qui ne le laisse plus sortir, un temps qui ne vit plus, un temps sans préférence, qui l'empêche de venir au-dehors, qui empêche sa vie de s'égailler.

Ses moments égaux, moments sans émotions, ses moments prisonniers de la régularité, sont ses barreaux, des barreaux qui le tiennent dans l'en deçà, à partir d'où tout est méconnaissable. Primaire ou non, il sait mieux que tous les génies dessiner ce qui n'a pas de fin. Sans Euclide il reconnaît, il a trouvé les parallèles à l'infini qui jamais jamais ne conduisent à se joindre, à se rejoindre, à rien joindre. Des ornements qui n'ont pas de fin, pas de raison de finir, sans cesse reviennent, sans cesse poursuivent leur chemin hors du chemin, perpétuité misérable, *bourrant* de plus en plus la page aux couleurs éteintes, aux personnages aux gestes figés, page qui, quoique pleine, demeure vide et tombale.

Loin, loin, loin de lui, loin de tous, loin de tout, il en prend son parti aussi. Les autres auxquels il ne peut s'accommoder, hommes à la réjouissance facile, à l'indicible insignifiance, dépourvus d'importance, dépourvus de logique, il se tiendra en dehors de cette foire de mauvais goût; il ne participera pas à leur vaine agitation qu'il ne peut et ne veut plus suivre. Il prend un air précieux, maniéré, entendu. Il est loin de ça, loin, seul. Rien de ce qui se passe même en lui, il ne l'intègre vraiment, tout est « désaffecté » et en ruine, qui passe en lui. Il n'assume pas ce qu'il raconte. Un dessin atroce (bien peu atroce pour lui, en fait léger, trop léger appui pour continuer à vivre) il le regarde ensuite d'un air vague, inconcerné, incrédule. Sans chaleur il parlera de la haine contre ses persécuteurs. Il signale. Il note, détaché.

Il sait quelle frime c'est que l'unité, que l'identité. Le oui et le non circulent en lui sans le contredire. Dans son cosmos, il en voit des choses! Il assiste à des choses! Il en sait des choses! Des présences frappent à sa porte, à sa porte la plus intérieure. L'infirme est présent à l'inouï. L'embarrassé est en tête à tête avec elles, à égalité avec elles. Abstractions chargées, neige qui ne retombe plus, qui ne se salit plus à la réalité. Il est dans l'ineffable. Il n'a pas de contact. Il a d'autres contacts. Il est occupé. Une démarche, des tournures cérémonieuses [1] au moins en cela un peu trahissent celui que sa réserve figée préservait. Ces gens qui l'entourent, à la diversité injustifiée, qui ne lui fichent pas la paix, aux inutiles sinuosités, à quoi bon leur parler ? Retenue. Retenue. Paroles sans corriger les erreurs de la parole, mots pour lui seul signifiants. Ses secrets ne sont pas à partager. Il ne tient pas à se rendre intelligible. En parlant, il fausse compagnie. Il est à distance. Il doit rester à distance. C'est son destin maintenant que la distance. Du geste à la parole, de la pensée à la parole, de lui à lui, de lui à tout, de son état à leur état. Il la vit, il la connaît, qui est partout, ne peut être franchie, rapprochée. S'agissant de lui-même, il répugne à dire « je ». Il ne dit plus

1. Si, gardant quelque « vanité d'être », il semble aux gens du dehors tenir à se trouver intéressant, il s'en faut qu'il ait retrouvé sa personne, c'est souvent plutôt afin de prendre appui sur ce qui n'est pas tout à fait noyé et noyable. Et (si l'on excepte les accès explosifs et libérateurs) quand on le voit revenir à quelques pensées de la zone sexuelle, et même se livrant au plaisir solitaire, si peu plaisir à présent, c'est parfois aussi, plutôt qu'obsédé d'érotisme, comme on essaie par tous moyens de revenir à soi grâce à cette bouée reconnue, grâce à ce naturel condensateur, capable aussi de rendre plus tolérable le supplice de son aliénation.

« moi », il dit « celui-ci », il dit « lui ». Distance. N'ayant plus jamais plénitude, n'étant plus jamais totalement impliqué. Un sourire railleur ou triste vient terminer le récit de son drame qu'on lui a fait conter, qu'ils ne comprendront jamais [1]. Distance.

---

1. La bile des catatoniques, de certains schizophrènes, injectée à des pigeons, les met en état de catalepsie. (Expérience de Baruk et Camus.) Veut-on vraiment que l'homme qu'habite un tel poison se comporte comme un autre homme, ressente pareillement? Si physique et biologique la folie est aussi fascination. Un simple renfermé sur soi va peut-être s'hypnotiser sur son isolement réel. Sentant l'isolement, il en remet. A l'abandon subi, il répond par son abandon plus grand, et lâche tout contact.

Ainsi sur une plage un enfant qui vient d'édifier un château de sable, insulte la mer qui vient à sa rencontre, la défie, s'excite, s'identifiant à son château. Mais la mer ayant avancé et envahi son édifice, aussitôt faisant volte-face, s'identifiant à la mer, à la destruction, il s'excite contre son château.

Ce comportement est à chaque tournant dans l'aliénation, dont on se demande sans fin s'il n'y entre pas du jeu. Jeu comme jeu du suicide. La seule beauté qui reste dans la défaite, jouer une défaite plus grande, défaite qui est, non uniquement le fait du dehors, mais son fait à soi. Donc quand même un triomphe.

La fascination de l'arrêt, de l'absence, de la bouderie, tentation qui se présente à l'homme, qui se présentait à l'adolescent, qui se présentait dans un plus jeune âge encore, où les enfants « renfermés » affolent les parents.

Mais quels sont les pouvoirs exacts de la bouderie? L'un boude des années, et rien de spécial n'arrive. L'autre boude une semaine et le voilà tombé dans l'abîme d'où il ne pourra plus remonter, ayant trouvé d'instinct dans son être, dans son corps, ce qui coupe tout rapport, ce qui détruit toute continuation de normalité. L'époque aussi agit. Les mots devenus si communs « Débrayage, grève, vacances », comme les tendances, les rêves actuels sont d'abandon, sont pour lâcher.

Schizophrénie répond à une *tentation générale* plus proprement actuelle de se retirer de la situation, de cette vie où il y a trop de cadrans, trop de manœuvres, trop de mises au point. A notre époque, les tempéraments schizoïdes, se laissant aller, vont jusqu'au bout, tandis que les tempéraments

12

RENCONTRE AVEC UN UNIVERS
EN EXPANSION.
ÉTALEMENT.
PERTE DU POUVOIR DE LIMITATION.
LES VICTIMES DE L'IMPRÉGNATION.

Un journal traîne. Il va le parcourir. Il y apprend qu'Eisenhower va prononcer un discours, que les sénateurs démocrates du Missouri et de l'Arkansas lui sont favorables, plus loin, qu'Eisenhower reçoit un maréchal anglais, que les syndicats sont mécontents de lui, qu'il va faire voter le budget de la Marine, etc. Eisenhower maintenant bien établi s'étend en lui, gagne du terrain, l'inonde. Eisenhower, qu'il ne peut plus retenir, qu'il ne peut plus se retenir de mettre partout, de retrouver partout, dans tous les faits divers, dans tous les faits de la journée d'hier,

---

hystériques, florissants à une autre époque, restent en veilleuse, ou « teintent » seulement d'hystérie une autre affection mentale.

Folie par la conscience de l'incapacité de donner des réponses appropriées. Premières fréquentations des femmes, premiers emplois : premières pierres d'achoppement, insoutenables révélations d'insuffisance, premiers et catastrophiques déclenchements du « désespoir de ne pouvoir se mettre en situation ».

sera dans tout ce qui suivra, ne quittera plus le journal, assumant toutes les actions de la journée, les meurtres, les incendies de fermes isolées, les appels à la vertu, les appels à la collaboration des peuples. Cependant il viole aussi trois religieuses en Sicile, reçoit le roi de Thaïlande au Vatican, participe à un guet-apens en Kabylie. Dans toutes les colonnes il coule. Il repousse les propositions de Khrouchtchev, assiste à l'enterrement de Clark Gable, plus loin victime d'une explosion au Bourget. Cependant il sauve la face dans l'équipe d'Angleterre contre le Real qui, finalement, doit s'incliner. Enfin, à l'Académie des Sciences, il apporte des documents nouveaux sur la vie au paléothique. Est-ce exactement, totalement, uniquement, Eisenhower, qui fait tout cela ? Question qu'il ne se pose pas, l'expansion eisenhowerienne en lui plus forte que toutes ne pourra être chassée. Il ne peut empêcher l'envahisseur d'être là, d'une façon ou d'une autre et de se dilater. Il en est « atteint ». S'en sauver, il ne le pourrait (si c'est là se sauver), qu'en s'y substituant lui-même (et bien involontairement). Lisant que, comme envoyé spécial, le capitaine X... réorganise le Kenya en dépit des attaques des Mau-Mau, le voilà qui, à ce mot d'attaques, se sent concerné, c'est lui, sûrement, qu'on attaque, qu'on se propose d'attaquer. A son tour maintenant, de s'épandre dans les nouvelles du jour, et aussi « d'apprendre » ce qui lui arrive, ce qu'on manigance contre lui : que par une ordonnance, du reste illégale, il va devoir purger une peine de deux ans de prison, qu'un de ses partisans en Calabre a été lynché par la foule, qu'on tente de l'inculper du meurtre de deux prêtres en Irlande et à Houston d'avoir violé une négresse, c'est à lui qu'Adenauer faisait allusion en parlant des responsables cachés de la tension actuelle : imprégnation qui, bien plus que méga-lomanie pour laquelle on pourrait la prendre, est impuissance à délimiter, à pouvoir retenir, à lutter contre un centre d'intérêt, qui fait tache d'huile dans un présent aux frontières inexplica-blement ouvertes et indéfendables. Il ne peut plus tenir à part et cloisonné ce qui doit l'être. De même qu'un malade ne peut empêcher que se dilate en lui et ne s'étale partout une idée forte, lui ne peut empêcher que vienne et revienne et s'étale un nom fort.

Sans pouvoir désormais pour limiter, pour réduire, il rencontre constamment des idées, des noms, des forces en expansion [1].

---

1. Les difficultés déjà énormes que rencontrent les aliénés seraient moins insurmontables et par eux moins difficilement discernables et intelligibles, si elles se présentaient en séries homologues et pures. Mais une psychose pure, un symptôme pur n'existent pas. Bien moins encore qu'il existe un orgueilleux pur, il n'existe de mégalomane ou de schizophrène pur. Dans toute folie, il y a vingt folies. La folie (dans ses accès surtout) est une sorte de

« tout à la fois » qu'on avait en soi en vrac et qui sort, qu'on ne peut plus tenir serré, dirigé, et qui s'éparpille librement.

On ne la voit plus guère. On ne la voit plus longtemps. Les récentes médications empêchent les aliénés d'aller jusqu'au bout de leur aliénation. Ils y ont perdu leur « libération » à eux. Même lorsqu'on ne peut vraiment les guérir, on les amortit. Étranges ternes « améliorés », que l'on rencontre à présent, dans les asiles, ou au-dehors, fous frustrés de leur folie.

VI

AU SUJET DES DISSOCIATIONS
ET DE LA CONSCIENCE SECONDE
(Hystérie, mythomanie)

La mescaline, le haschich créent en ceux qui en prennent maintes dissociations. Celles qu'on a remarquées chez les schizophrènes, qui leur ont valu leur nom et dont témoignent leurs « discordances », ne sont qu'une toute petite partie de celles qui existent en eux inaperçues, inexprimées.

Une dissociation différente est à l'œuvre chez l'hystérique[1]. Elle se dissocie, se bipersonnalise, se pluripersonnalise, en peu de temps, parfois presque dans le même moment. Les émotions, les idées, les impressions, des spectacles, des suggestions, tout ce qui l'a marquée, tout ce qui a fait empreinte sur cette cire molle, peut la reformer autre. Plus que personne, elle sait se déconnecter. Elle sait couper les ponts. Elle se déconnecte de son œil, qui ne voit plus (quoique ses pupilles réagissent à la lumière), elle s'absente de son oreille qui, sans lésion, n'entend plus ; de ses jambes qui, intactes, ne bougent plus ; de ses pieds qui, sans mal physique, ne la portent plus,

---

1. Je parle ici de la grande hystérie, devenue rare, mais toujours extraordinaire, et de la femme hystérique, plus que l'homme, typique.

de son épiderme qui ne ressent plus les piqûres, ni le contact, ni la chaleur, et elle s'absente de sa souffrance. Et d'elle-même... et si bien que ce n'est pas elle qui se sépare, mais son être second, son subconscient, sans qu'elle-même y soit pour rien. Et de son âge et de sa personnalité première et d'une personnalité seconde, et parfois d'une troisième ou quatrième, elle sait se retirer, allant de l'une à l'autre, à l'exclusion totale des précédentes.

Elle répond à côté, agit à côté, répond pour échapper, à la réalité, à l'entourage, au milieu, aux circonstances qu'elle va dramatiser coûte que coûte. Elle inventera une réalité, puis une autre, puis cent autres, et mille et dix mille autres, autant qu'il en faudra, mensonges au pied levé, il faut qu'elle échappe.

Elle sait se déconnecter de son passé, de ce qui vient presque à l'instant de se passer. La situation ne lui convient-elle pas ? Elle l'oublie comme une pierre tombe et se perd. Sans l'avoir réellement oubliée, elle s'en retranche, comme si elle n'avait pas eu lieu. Puérilement, miraculeusement. « Situation » non avenue. Le fait désagréable est refoulé par une censure [1] sans exemple ailleurs. Elle seule sait faire des censures

_____
1. ... qui donna à Freud, étudiant, l'idée de la rechercher dans d'autres affections mentales, où elle est inapparente.

presque immédiates. Intolérante au réel, à un certain réel moyen, il y a en elle un « Non » puissant, un refus sauvage d'être comme on croirait qu'elle est. Elle veut [1] être distinguée. Pas de grande hystérie sans immodération, sans soif, sans inassouvissement. Elle recherche l'empreinte. Elle contracte les maladies mentales les plus diverses qu'elle a observées chez des malades, en prend les tics, les attitudes, les symptômes. Elle sait se quitter. Elle aime se quitter. Elle est folle de se quitter. Elle comprend en se quittant [2]. Intelligence par modelage intérieur, par calque. Il lui faut donc un modèle et qu'il soit important ; très important. Elle l'aime ? Pas précisément. Elle l'admire ? Pas précisément. Elle le comprend ? Pas par voie d'intelligence. Pas par études. Par une identification. Par mimétisme presque physique. Elle s'y projette, s'y rue, se livre à lui, non par don de soi mais en s'évacuant elle-même. Elle s'y coule. Elle vou-

1. Ce secret si commun, quoique mal explicable, de faire la sphère en soi, et avec quelque autre qu'on a choisi, de la faire mieux encore, elle ne le trouve pas. Elle ne veut pas de ce qu'elle trouve, reste béante, crispée, détournée. Elle s'habitue à ne pas faire face. Déguisant, dissimulant, à elle-même dissimulant, simulatrice, joueuse, sortant de fausses cartes, ne jouant pas le jeu, menteuse par fuite, en tout elle tient à porter l'attention ailleurs.

2. La petite hystérique seulement singe puérilement celui qu'elle veut comprendre (ou égaler). Devant un prêtre, irrésistiblement, puérilement, fait un sermon (cité par le P. de Tonguédec). Devant un avocat, elle commence un plaidoyer, etc. — Égalité cherchée par la voie pauvre.

drait que le modèle se projette en elle[1], elle veut totalement le ressentir, en être imprégnée, pour qu'il passe en elle, vive en elle, qu'il se substitue à elle, qu'elle s'y trouve engloutie. A tout prix, il lui faut déboucher dans l'autre. Elle veut prendre la place. Modèle ou idée fixe, elle en est fascinée. S'identifiant en partie par jeu, tout de même elle n'arrive plus à s'en déprendre. Hypnotisable, elle s'y enferre, s'y rétrécit, perd tout recul.

Le plus souvent, à l'origine de sa maladie, il y eut une grande frayeur, lors d'une chute, d'une collision, d'un incendie, d'un viol, ou bien très jeune encore, en l'enfance, l'âge des impuissances, la peur de l'obscurité, de l'« Inconnu », des punitions, ou d'être livrée à la honte et à la dérision, la peur des agressions aussi, et d'avoir vu ou fait « le mal » aux limites imprécises. La situation, la chose effroyable qu'elle n'a pu fuir, tout de même elle l'a fuie, mais sur place, « hors d'elle », avec qui elle ne coïncidera plus, hors de ses membres, que terrifiée elle lâche, en état de

1. Le Christ lui convient particulièrement quand elle a la foi chrétienne. Elle le prend comme une plaie. Elle en a été marquée souvent dès son enfance, non par le Christ en gloire, mais par celui du calvaire. Miraculée ou non, voyante, elle vit une aventure extraordinaire de dépossession et de possession.

paralysie flasque, et où elle ne reviendra plus (à moins qu'un jour une nouvelle grande émotion naturelle, ou la vue d'une relique célèbre, la ramène à elle-même en son entier, par un demi-miracle inverse du premier).

Pas seulement en un point, elle sera à elle-même soustraite. Le chemin intérieur de la fuite et de l'évasion lui étant connu, elle va le trouver à nouveau. S'étant dégagée une fois si extraordinairement, elle va en prendre l'habitude et la commodité, et devenir une « dégagée ». Dégagée d'elle-même, de la vérité, de la réalité, prise bientôt de la fascination du dégagement, autrement appelée mythomanie, de la perversité du dégagement (mensonge pour le mensonge), elle devient inmaniable, simulant ou dissimulant, suivant les cas, dans un irrésistible attrait de dérobades, que les autres ne peuvent pas suivre, qu'elle s'arrange de façon que les autres ne puissent pas suivre. Autrefois si sensible, à présent dépourvue de sentiment parce que trop sensible, infixée, elle reste à distance de sa nature première. L'émotion qui fut pour elle plus qu'elle ne pouvait supporter, et sans doute bien d'autres avant et peut-être après, la bousculent, l'ébranlent, opèrent la débâcle d'elle-même. Piquée pour des riens, envahie par ces émotions traumatisantes et par les êtres en général, en subissant la force et les marques (car elle est très hypnotisable), elle doit songer à s'en libérer. (En d'autres temps, elle eût été possédée par des démons).

Celle donc qui connaît ces bouleversements émotionnels et en ayant connu un en particulier, l'ayant refoulé, mais insuffisamment, va, tout à coup n'en pouvant plus, réaliser dans les tremblements, les convulsions et les gestes incoordonnés d'un grand accès, effrayant à voir, et avec des postures impossibles à d'autres, un drame condensé, surtendu, drame absolu, pur de partenaires, de répliques, et de décors, un drame à fond, où en quelques dizaines de minutes effroyablement chargées, elle va, s'abandonnant théâtralement et pathétiquement aux paroxysmes et aux tumultes passionnels, vivre strangulations, crucifiements, viols et punitions... dans quoi enfin elle se désexaspère.

Parfois, comme une sainte. Elle s'appuie sur la privation (faim[1], soif, souffrances, isolement), pour faire qu'elle se lâche, que totalement elle se lâche. Mais une très subtile vanité et satisfaction de ses réussites peut difficilement être lâchée.

[1]. Ses vomissements réflexes par hyperesthésie des muqueuses, son impuissance à boire par spasmes du pharynx l'ont amenée là naturellement.

Seule maladie mentale qui semble avoir autant de pouvoirs que de déficiences, et dont les déficiences sont la condition des pouvoirs. Sans dissociation, pas de « réussites » majeures.

Cette paralysée, amyosthénique, privée de sentiment, qui sue du sang, à qui on peut toucher le globe de l'œil sans qu'elle cille, cette momie qui fait mal à voir, avant l'émotion [1] traumatisante était vive, emportée, enjouée, exaltée. Un rien l'excitait, la troublait, la jetait dans la détresse. Son être exalté, renonçant aux voies de l'intelligence, de l'action, de l'art, de l'amour, trouve par d'autres voies, par des voies directes, une communication, sinon une communion impossibles autrement. Son subconscient maintenant puise loin ailleurs, s'absorbe au loin. Avec des illusions, elle a d'exceptionnelles clartés.

---

1. Sachant aussi arrêter totalement certaines fonctions, certains besoins pourtant indispensables, présentant aussi des blessures qui ne saignent plus, elle a avec son corps des rapports nouveaux (ou que l'espèce humaine avait seulement perdus...). On serait hystérique par les singes. Ce qui nous resterait d'ancêtres communs : le goût de la crise. D'ailleurs, pour certains, l'hystérie témoignerait de conduites de régression.

Les bébés singes, avec et plus encore que les bébés hommes, se distinguent de tous les mammifères par une tendance à la transe. Une affection à laquelle il n'a pas été convenablement répondu, une jalousie, un effroi les précipite dans une détresse, une théâtralisation de la détresse qui est unique, sorte de retour sur soi, de remaniement de la détresse qui devient cataclysme. Le goût, le sens de l'abîme est là. Les transports de la rage, d'une rage dépassant toute colère, tout objectif de la colère, les met en pleine démesure, en convulsions... au lieu que les petits des fauves se tiennent très bien.

Conduite puérile, qui est aussi un pouvoir. Les hystériques, non à tort, sont connues pour dramatiseuses et chercheuses d'éclats, arme contre les autres.

Proche parfois de l'état de samâdhi que connaissent certains Hindous, et que sa pensée, sa foi différente autrement utilisent et perçoivent. Le subconscient, le conscient second a différentes profondeurs. Plus on est loin de la conscience première, plus la conscience B ou conscience seconde a prise profonde, plus elle a accès à une connaissance étendue, mais toujours à la condition qu'il y ait un immense désir de l'incommensurable. Sinon il n'y a que vide ou foire dans la conscience seconde. Ainsi celle qui n'arrive plus et répugne à se tenir dans le réduit étroit de sa personne trouve au-delà un espace étendu... quoique son chemin masque sans doute des chemins meilleurs. *Le Yogui occidental manque toujours.*

Le subconscient, tout ce qui est aspiration insatisfaite s'y trouve, subconscient désirant, subconscient savant aussi. Il a son fond, ses touches à lui. Augmenter avec lui les relations, voilà ce qu'il faut. Il est plusieurs façons de l'aborder. Beaucoup de mesquines. Certains ont dernièrement voulu le faire étudier pendant le sommeil. Mais il sait déjà beaucoup. Il n'est que trop plein de leçons apprises. Plutôt lui donner des problèmes à résoudre, qu'il résoudra à merveille, plus sûrement que nous.

Le laisser faire. Le laisser achever. Donner des

vacances à la conscience[1]. Quitter la fâcheuse habitude de tout faire par soi-même. L'important (dans l'ordre de la pensée), il faut au contraire toujours le laisser inachevé. Attendre *son* éclairage. Sacrifier l'homme premier qui nous fait vivre en mutilés. Faire revenir le *daimon*. Rétablir les relations.

Pas seulement maladie, l'hystérie peut aussi faire la leçon. Pas elle seulement. La conscience, il faut avoir pris une drogue, pour savoir comme c'est peu, comme c'est rare, comme c'est facultatif, comme c'est peu indiqué, comme ça se met en travers, comme c'est peu « nous » et encore moins notre *bien*, conscient qui nous lie les mains, qu'il faut savoir dépasser, pour une conscience seconde, conscient tantôt à endormir à contretemps, tantôt à réveiller à contretemps, conscient qu'il faut apprendre à lâcher, quand il se montre et à ranimer quand il disparaît, que surtout dans les états exceptionnels des états parapsychiques ou presque miraculeux, il ne faut pas laisser disparaître, à moins que de se contenter là-dessus

1. A condition de rester capable de répondre aux dangers de cet état, aux innombrables suspensions de pouvoir dont l'hystérie est pleine (paralysie, aphonie, etc.) et plus qu'à tout, à ce qui est aussi la maladie du disciple, à la *suggestibilité*.

du savoir d'hommes sans doute extraordinaires mais aux idées préconçues, préreçues, prédirigées ; conscient enfin qui laisse échapper à peu près tous les mécanismes du mental normal, pourtant singuliers, extraordinaires, méconnus, que (si on tient à les détecter) il va donc falloir prendre en traître, et avec l'artillerie qui convient.

ŒUVRES D'HENRI MICHAUX
1899-1984

Aux Éditions Gallimard

MOMENTS *(Traversées du temps)*, 1973.

FACE À CE QUI SE DÉROBE, 1976.

CHOIX DE POÈMES, 1976.

POTEAUX D'ANGLE, 1981.

CHEMINS CHERCHÉS, CHEMINS PERDUS, TRANSGRESSIONS, 1982.

DÉPLACEMENTS, DÉGAGEMENTS, 1985.

AFFRONTEMENTS, 1986.

Aux Éditions Fata Morgana

IDÉOGRAMMES EN CHINE, 1975.

UNE VOIE POUR L'INSUBORDINATION, 1980.

COMME UN ENSABLEMENT, 1981.

Aux Éditions Flinker

PAIX DANS LES BRISEMENTS, 1959.

VENTS ET POUSSIÈRES, 1962.

Aux Éditions G.L.M.

VERS LA COMPLÉTUDE, 1967.

QUAND TOMBENT LES TOITS, 1973.

Aux Éditions du Mercure de France

L'INFINI TURBULENT, 1957.

Aux Éditions Skira

ÉMERGENCES, RÉSURGENCES, 1972.

Ce volume,
le deux cent vingt-quatrième de la collection Poésie,
a été achevé d'imprimer sur les presses
de l'imprimerie Bussière à Saint-Amand (Cher),
le 22 février 1988.
Dépôt légal : février 1988.
Numéro d'imprimeur : 3208.

ISBN 2-07-032460-5./Imprimé en France.